CHRONOLOGIE

DE

L'HISTOIRE UNIVERSELLE MNÉMONISÉE.

CHRONOLOGIE

DE

L'HISTOIRE UNIVERSELLE MNÉMONISÉE,

OU

MÉTHODE FACILE

POUR APPRENDRE ET RETENIR SANS PEINE TOUTES LES DATES DES PRINCIPALES ÉPOQUES DE L'HISTOIRE DE TOUS LES PEUPLES ANCIENS ET MODERNES,

PRÉCÉDÉE D'UNE

LEÇON DE MNÉMOTECHNIE,

PAR M. L'ABBÉ LADEN, CURÉ DE BILLOM,

Ancien Supérieur du Petit-Séminaire de Clermont-Ferrand.

CLERMONT-FERRAND,

IMPRIMERIE DE THIBAUD-LANDRIOT ET Cie,

LIBRAIRES,

Rue Saint-Genès, n° 8.

—

1841.

La chronologie (de χρονος, *chronos*, temps, et λογος, *logos*, discours ou traité) est, comme le dit son nom, la science des temps. Elle nous apprend à connaître à quelle époque sont arrivés les principaux événements de l'histoire des peuples. Nous ne chercherons point à prouver ici l'utilité et les avantages de l'histoire : tout le monde convient aujourd'hui qu'elle est la grande école où doivent venir chercher les plus précieux enseignements, les nations aussi-bien que les individus, et que cette science qui tend à prendre dans l'éducation de la jeunesse la place qu'elle aurait toujours dû y occuper, donne au jeune âge l'expérience et la maturité de la vieillesse. Ce que nous ferons remarquer ici seulement, c'est qu'il est impossible d'apprendre l'histoire sans le secours de la chronologie. On l'a dit depuis long-temps , et on ne saurait trop le répéter, *la géographie et la chronologie sont les deux yeux de l'histoire.* Sans leurs leçons , elle marche à l'aveugle , confond tout, et peut souvent conduire aux plus funestes conséquences. Disons-le cependant, s'il est une science négligée , ignorée même, au delà de ce qu'elle devrait être , c'est la *chronologie.* Même parmi les plus instruits, il est si peu d'hommes qui fussent dans le cas de répondre d'une manière satisfaisante sur les dates principales de l'histoire générale , de l'histoire ancienne surtout. Sur le point de subir les examens qu'exige l'Université pour entrer dans les différentes carrières de la vie, un jeune homme classera momentanément quelques époques dans sa mémoire ; mais telle est la difficulté pour elle de retenir une certaine quantité de nombres, qu'un an après il a presque tout oublié.

C'est donc rendre un service important, non-seulement à la jeunesse des écoles , mais encore à toutes les personnes qui veulent acquérir quelques notions en histoire , que de présenter au public un moyen aussi simple que facile, de graver sans efforts dans sa mémoire toutes les dates principales de l'histoire universelle, ancienne et moderne , et cela de manière à n'avoir plus à craindre de jamais les oublier. C'est ce que nous venons faire aujourd'hui.

Plein d'une juste défiance pour ces nouvelles méthodes qui promettent de tout apprendre en peu de temps, et qui semblent ne pas tenir assez compte de la faiblesse de l'esprit humain, nous nous faisons gloire d'être de ceux qui ne veulent adopter que les méthodes dont l'expérience a sanctionné le mérite. Nous avons donc voulu soumettre à un examen impartial, sévère, la *nouvelle méthode mnémotechnique*, introduite en France depuis quelques années. Non content de cette première épreuve qui a toute été à l'avantage de la méthode, nous avons voulu la soumettre à une autre que nous regardons comme le *criterium de la vérité*, en fait d'enseignement. Nous l'avons mise en pratique, nous avons voulu la connaître à ses résultats, comme on juge de l'arbre par ses fruits, et de l'ouvrier par ses ouvrages. Nous pouvons dire qu'ici les résultats ont dépassé nos espérances, et nous pouvons prédire à ceux qui voudront en faire l'expérience, qu'ils seront eux-mêmes étonnés de la facilité d'apprendre et de retenir des notions qu'on avait regardées jusqu'à présent comme d'un accès très-ardu.

Pour épargner à nos lecteurs toutes les épines et toutes les aridités des recherches chronologiques, nous avons adopté la méthode la plus facile, celle qui est aujourd'hui généralement suivie. Nous partons de la naissance de Jésus-Christ comme d'une ère universelle : toutes les époques que nous indiquons sont donc les années avant ou après Jésus-Christ.

Disons un mot sur les auteurs que nous avons consultés pour indiquer nos principales dates chronologiques. Depuis quelques temps les systèmes sur la chronologie se sont multipliés jusqu'à l'infini, et chaque chronologiste a, pour ainsi dire, le sien. De là, la grande difficulté d'arriver à des résultats satisfaisants, si l'on veut suivre les progrès de la science. Pour ne citer ici qu'un seul exemple, on sera peut-être étonné d'apprendre qu'il y a plus de deux cents systèmes différents, se détruisant tous les uns les autres, pour fixer la seule époque de la naissance de Jésus-Christ, c'est-à-dire, pour établir le nombre des années écoulées depuis la création de l'homme jusqu'à Jésus-Christ. D'après le calcul le plus court, on ne trouve dans cet espace de temps que 3483 ans, tandis que le calcul le plus long assigne 6984 ans à cette durée ; ce qui donne une différence de 3500 ans. Qu'on juge par là, s'il est facile d'assigner l'époque de Ménès, le fondateur de la monarchie égyptienne, ou celle des rois de Ninive et de Babylone. Obligé de choisir entre tant d'opinions diverses, nous aurions désiré pouvoir adopter un système chronologique, dont toutes les parties, au moins, fussent parfaitement liées entr'elles. Mais nous avons vu, avec regret, que la plupart des systèmes les plus généralement suivis sont incomplets et même erronés en certains points. Un système chronologique complet, et au niveau des nouvelles investigations et découvertes modernes, est encore à faire; nous croyons même qu'il n'aura lieu que lorsque la science sera entièrement réconciliée avec la religion dont elle n'aurait jamais dû s'écarter, vu qu'elle se serait épargné bien des erreurs et des mystifications. Pendant plus d'un siècle, elle a voulu gratter le nom de Dieu écrit sur toutes les pages de ce vaste univers, et aujourd'hui elle commence à voir que pour la philosophie, l'histoire, la chronologie, la géographie, la géologie, l'astronomie, la politique, l'immortel livre de la Genèse serait encore le premier des livres sortis de la main des hommes, s'il n'était révélé de Dieu même.

Par un ecclectisme qu'on nous pardonnera donc facilement, nous avons cherché à prendre dans chaque chronologiste ou historien estimé, ce qui nous a paru le plus digne de confiance, et le plus conforme aux idées généralement reçues, glanant, pour ainsi dire, dans une foule d'auteurs recommandables, tels que l'illustre Eusèbe, évêque de Césarée, le père Pétau, le père Pezeron, Ussérius, le religieux et savant Newton, Vossius, de Devignolles, Bossuet, l'art de vérifier les dates, etc., etc.

1.

Il en résultera , sans doute , que tout ne sera pas
alors coordonné dans notre ouvrage, qu'il s'y ren—
contrera même des dates qui ne seront pas en rapport avec d'autres. Nous le savons, nous l'avouons
d'avance : et c'est pour cela que nous venons de faire
les réflexions qu'on vient de lire. Que le lecteur
n'oublie pas que nous ne venons pas donner ici un
système complet de chronologie , mais seulement
une méthode courte et facile de se rappeler les principales dates de l'histoire universelle , telles que
nous les trouvons dans les auteurs estimables et généralement estimés. Au reste, par l'exposé que nous
donnons ici d'une leçon de mnémotechnie , chaque
lecteur pourra apprendre à faire lui-même sa phrase
sacramentelle , et à modifier notre travail comme
bon lui semblera. Nous ne visons pas à la réputation
d'un savant, mais au bonheur d'être utile.

UNE LEÇON

DE

MNÉMOTECHNIE.

TOUT le secret de la mnémotechnie, appliquée à la chronologie, consiste à remplacer les dix chiffres ou caractères de la numération ordinaire par des articulations auxquelles on est convenu de donner une valeur équivalente. Nous appelons ici ARTICULATION, *une émission de voix modifiée par un mouvement de la langue ou des lèvres sans avoir égard à la différence des sons*, ce qui ne peut avoir lieu sans le secours d'une consonne. Ainsi, *pourra* a les deux mêmes articulations que *père, payera, purée, poirée, pirée, pore, pure, poreux, pire, pair, paré, péri, par;* ces deux articulations sont *pe re.*
1°. Remarquons bien que chaque consonne dans un mot doit former son articulation, à moins qu'elle ne soit jointe immédiatement à une autre qui lui est semblable. Ainsi *peuple* formera trois articulations, *pe pe le*, tandis que *diffus* n'en formera que deux, *de fe*, parce qu'il n'y a que deux mouvements de la langue ou des dents, au lieu qu'il y en a trois dans *peuple, publier, pe pe le, pe be le.*
Remarquons 2°. qu'en mnémotechnie, une consonne ne fait articulation qu'autant qu'on doit la prononcer dans le langage parlé. Ainsi *dur* formera deux articulations *de re*, parce qu'en parlant on fait sonner le r qui termine ce mot, tandis que *aimer* n'aura qu'une seule articulation *me*, parce que la

lettre *r* ne se fait jamais sentir au présent de l'infinitif de la première conjugaison. Par les mêmes raisons *cruel* fera trois articulations, *ke re le*, et *aimeraient* n'en forme que deux, *me re*. Remarquons, 3°. que la consonne finale d'un mot qui se lie, dans la prononciation, avec la voyelle qui commence le mot suivant, forme une articulation, parce qu'alors elle devient sonore. Ainsi dans ces mots : *ton attrait enchanteur*, vous aurez les huit articulations suivantes: *te ne te re te che te re*, parce qu'on prononce : *to nattrai ten chan teur*. Remarquons enfin, 4°. que les voyelles nasales : an, en, in, on, un, et les diphthongues : oin, ouin, ouan, uin, ion, ian, ien, ioun, ne formant qu'un son et non une articulation, ne comptent pour rien en mnémotechnie.

Il est facile de voir par là, qu'en mnémotechnie on doit faire abstraction de l'orthographe des mots, pour ne faire attention qu'à la manière dont ils frappent nos oreilles, et qu'il faut aussi négliger les sons pour ne s'occuper que des articulations, qui doivent remplacer les chiffres de la numération.

Mais comme il y a en français dix-huit consonnes, et que chaque consonne forme une articulation spéciale, comment faire pour remplacer ces articulations par des chiffres, *et vice versâ*, puisque nous n'avons que dix chiffres ou caractères dans la numération, savoir : 0 1 2 3 4 5 6 7 8 9? On a alors imaginé de réduire aussi à dix le nombre des articulations. Cela a été d'autant plus facile qu'il y a plusieurs de ces articulations qui se confondent presque l'une dans l'autre, ou qui du moins ont tant de rapport les unes avec les autres qu'elles semblent s'identifier. Ainsi, qui ne voit pas que *pe* et *be* ont la même valeur, et se ressemblent si bien, que les étrangers ou ceux qui n'ont pas appris la langue par principe, les prennent souvent l'un pour l'autre. Ainsi il en est de même de *fe* et *ve*, de *gue*, *que*, *ke* et *cue*, de *te* et *de*, de *che* et *ge*, qu'il est facile de confondre. Il n'est pas rare de voir un Allemand, par exemple, vous dire : *Tans drois chours que chai bassé zici, che n'ai bas blus pougé du macazin que fous* (Dans trois jours que j'ai passés ici, je n'ai pas plus bougé du magasin que vous).

On est donc convenu de réduire à dix le nombre des articulations. Pour cela on a réduit en une seule deux ou trois de ces articulations, qui sonnent à peu près de même, telles que : *be* et *pe*, *de* et *te*, *fe* et *ve*, *je* et *che*, *le* et *ille*, *ne* et *gne*, *que*, *ke* et *gue*, *se* et *ze* : quant à la consonne x, elle forme deux articulations, *que se*, dans les mots où elle sonne dur; elle n'en forme qu'une, *se*, dans certains mots où elle s'adoucit. Le mot auxiliaire, par exemple, doit se traduire en articulation par *que*, *se*, *le*, *re*, et le mot *Auxerre* par *se re*. Il ne reste donc en finale que dix articulations bien distinctes.

1º. pe ou be.
2º. de ou te.
3º. fe ou ve.
4º. je ou che.
5º. gne, que ou ke.
6º. le ou ille.
7º. me.
8º. ne ou gne.
9º. re.
10º. se ou ze.

Comme *se* ou *ze* ont quelque rapport avec o, on les

a choisis pour représenter le zéro. *Te* ou *de* n'ayant qu'un seul jambage, on leur a fait représenter le chiffre 1. *Ne* ou *gne*, ayant deux jambages représentent assez bien 2. *Me* en ayant trois, voilà le 3. *Re* termine le mot quatre et représente 4. *Le* ou *ille* étant la lettre dont les Romains se servaient pour désigner cinq, on lui a donné la valeur de 5. *Je*, *ge* ou *che*, ayant quelque ressemblance avec 6 le représentera aussi. Ainsi en sera-t-il de *gue* ou *ke*, qui tient la place de sept; de *fe* ou *ve*, qui tient un peu du 8, et de *pe* ou *be* qui valent 9.

Nous allons placer ici dans un tableau les dix chiffres de la numération, ayant chacun dans leur case l'articulation qui le représente.

	0 se ou ze	
1 de ou te	2 ne ou gne	3 me
4 re	5 le ou ille	6 che ou ge
7 que, ke ou gue	8 fe ou ve	9 pe ou be

Voulez-vous retenir facilement l'ordre de ces articulations, ordre qu'il faut absolument se rappeler, accoutumez-vous à les réciter trois par trois excepté la première. Après vous ferez une petite pause, ainsi qu'après la troisième et la sixième, de la manière suivante : *se..... te, ne, me..... re, le, che..... que, fe, pe*. Servez-vous surtout de la phrase suivante que je suppose adressée à un gendarme par un voleur qui veut s'échapper de ses mains : *Si tu ne me relâches, gaffe bien,* c'est-à-dire, attache-moi bien, car je m'échapperai malgré toi. Ajoutons cette phrase dans le tableau précédent, et nous aurons :

	0 se ou ze si	
1 te ou de tu	2 ne ou gue ne	3 me me
4 re re	5 le ou ille la	6 che ou ge che
7 que, ke ou gue ga	8 fe ou ve fe	9 pe ou be bien

Quand on saura bien ce tableau, il conviendra de s'exercer un peu à traduire les chiffres en articulations et les articulations en phrases. Nous allons donner ici un modèle de chacun de ces deux exercices.

PREMIER EXERCICE.

TRADUIRE LES CHIFFRES EN ARTICULATIONS.

J'écris au hasard les chiffres suivants que je veux me rappeler, et cela absolument dans l'ordre où ils sont écrits : 5 3 1 9 2 9 0 5 7 9 4 5 9 5 3 0 5

7 8 5 9 5 1 9. Bien assurément, quoiqu'il n'y ait là qu'un petit nombre de chiffres, il faudrait encore une mémoire un peu extraordinaire pour les classer en ordre dans sa mémoire en quelques minutes, de manière à se les rappeler toute sa vie. Eh bien ! à l'aide de la mnémotechnie je fais cela en quatre ou cinq minutes, et je serai sûr de ne plus les oublier. Je commence par traduire ces chiffres en articulations, et je trouve : *le me de be ne pe se le que be re le pe le me se le que le de be.*

DEUXIÈME EXERCICE.

TRADUIRE LES ARTICULATIONS EN PHRASES.

Cette première opération étant faite, je répète plusieurs fois un certain nombre des premières articulations que j'ai trouvées, soient pour exemples les suivantes, le me de be ne pe se le ; avant de les avoir récitées de suite quatre ou cinq fois, je vois que je puis traduire : *L'homme de bien n'est pas celui.* Je cherche ensuite, en récitant et répétant de la même manière les articulations suivantes, à trouver des mots dont le sens puisse former quelque chose de complet, et il en résulte la phrase suivante, facile à retenir : *L'homme de bien n'est pas celui qui paraît le plus, mais celui qui fait le plus de bien.*

Eh ! qu'on ne craigne pas d'être embarrassé par la difficulté de trouver des mots qui correspondent aux chiffres que l'on voudra retenir. On peut à peine se faire une idée de la prodigieuse variété de mots qui peuvent traduire un nombre de trois ou quatre chiffres, nombre le plus communément employé pour les dates chronologiques. Prenons pour exemple le nombre 941 ; nous pouvons le traduire par quatre combinaisons d'articulations :

        pe re te.
        be re te.
        pe re de.
        be re de.

Ces quatre combinaisons nous laissent le choix des 115 mots que voici, et auxquels on pourrait en ajouter encore une quinzaine d'autres, si on cherchait les noms propres et les mots des différentes personnes des verbes : aparté, apparente, apparenté, apporté, apprenti, apprêté, emporté, emporter, empreinte, emprunté, emprunter, épreinte, important, importer, importun, impureté, parente, parenté, pariétaux, parité, partant, parti, partie, partout, perte, pertuis, pirate, pirater, pirouette, pirouetter, porte, portant, porter, portée, portier, Porto, purette, pourtant, prête, prêter, prêté, printemps, prompte, prote, protée, protêt, pureté, pourette, puritain, pyrite, pyriteux, upérotte, ab irato, abriter, abrouti, abruti, barote, baroter, baryte, barrette, baryton, Bertaud, birette, breton, brette, barate, brouette, brouetter, bretté, brouettier, brouter, brute, brutier, bruyante, burette, buretier, ébroudi, ébrodin, ébruiter, ibéride, appréhender, imprudent, parade, paradis, pardon, pariade, parodié, parodier, parodie, perdant, perdu, période, prédit, prie-Dieu, produit, prude, prudent, aborder, borde, bordée, border, bordier, bourde, bourder, bourdi, bourdon, bourrade, brande, brandi, brandon, bride, brider, bridon, brode, broder, etc., etc.

Faisons maintenant l'application de tous ces principes à la chronologie qui a pour but de nous apprendre les dates des principaux événements qui se sont passés dans l'histoire des peuples. Prenons pour matière d'exercice les dates suivantes que nous voulons apprendre de manière à ne jamais plus les oublier.

Avant J.-C.

1°. Création de l'homme 4004

2°. La loi de Dieu , donnée sur le mont Sinaï. 1491

3°. Le sacre de Saül, premier roi d'Israël.. 1091

4°. Fondation de la monarchie égyptienne vers l'an. 2200

5°. Prise de Tyr, par Alexandre.. 332

6°. Fondation de Rome. 753

7°. Lois de Dracon. 624

8°. Fuite de Mahomet ou Egyre , ère des Mahométans. 622

9°. Bataille de Marathon. 480

10. Bataille d'Actium. 31

Pour la première date nous trouvons 4004, en articulations *re se se re*, que nous pouvons traduire: *reçoit son roi.*

Cherchons maintenant une phrase qui puisse à la fois et nous rappeler l'époque dont nous nous occupons et se terminer par les trois mots qui renferment les articulations correspondantes au chiffre et que nous appellerons sacramentels, comme renfermant tout le secret : nous trouvons aussitôt la phrase suivante : *l'homme est créé, et la terre reçoit son roi.* Remarquons bien ici qu'il est convenu qu'en mnémotechnie appliquée à la chronologie, on doit placer à la fin de la phrase le met ou les mots *sacramentels*, et que quand on les écrit, on les écrit en caractères différents ou soulignés.

Pour la seconde date nous trouvons 1491, ou *te re pe te*, qu'on peut traduire par *trompette*. Examinant ensuite les rapports qu'il peut y avoir entre une *trompette* et la loi de Dieu donnée sur le mont Sinaï, nous pouvons nous rappeler que la Genèse nous dit qu'on y entendit le son de la *trompette*, et nous ferons cette phrase :

Dieu donne sa loi à son peuple, au son éclatant de la *trompette*.

Pour la troisième date, nous avons 1091, ou *te se pe te*, ou bien *de se be de*, que nous pouvons traduire par : *de ses baudets*. Tout le monde sait que Saül fut sacré roi par Samuël qui en avait reçu l'ordre de Dieu, au moment où il cherchait les ânesses que son père avait laissé égarer. Nous pouvons donc dire : *Saül est sacré roi, et trouve un royaume en cherchant à savoir des nouvelles de ses baudets.*

Pour la quatrième date qui est contestée et très-sujette à contestation, prenons ce qu'il y a de plus probable 2200, *ne ne se se*. Nous pourrions prendre pour mot sacramentels *nous ne cessons*, et faire une phrase qui se termine ainsi ; mais comme les deux derniers chiffres n'ont aucune certitude, nous pouvons les changer sans inconvénient, et prendre pour mots sacramentels, *nous ne savons*, mots qui d'ailleurs nous font mieux rappeler que cette date est incertaine, et que nous n'avons que des à peu-près. Disons donc : à quelle époque précise a vécu Ménès ou Mesraïm, premier roi de l'Egypte, *nous ne savons*.

Ainsi en est-il du petit travail des autres dates sur lesquelles je fais les phrases suivantes :

5°. *Alexandre s'empare de Tyr, de la Syrie et de l'Egypte la* MÊME ANNÉE.

6°. *Romulus fonde Rome et se montre à l'égard de son frère peu* CLÉMENT.

7°. *Les lois de Dracon étaient trop sévères pour un peuple* GÉNÉREUX.

8°. *Pour s'épargner le désagrément de sa fuite, Mahomet eût volontiers* JEUNÉ UN AN.

9°. *Avant la bataille de Marathon, Léonidas sommé de rendre les armes,* REFUSE.

10°. *La bataille d'Actium décida du sort du* MONDE.

Voilà tout le secret de la méthode mnémotechnique appliquée à la chronologie. Rien de plus aisé et de plus facile. On aurait donc bien tort de se priver des immenses avantages que procure la chronologie, puisqu'il en coûte si peu de l'apprendre. Ajoutons encore que cette méthode peut aussi s'employer en géographie, en astronomie, en histoire naturelle, etc. , etc. , toutes les fois qu'on aura besoin de retenir des nombres. Nous allons maintenant parcourir en abrégé l'histoire ancienne de tous les peuples, tant anciens que modernes, nous bornant à indiquer les principales époques de chacune de ces histoires.

CHRONOLOGIE

DE

L'HISTOIRE UNIVERSELLE MNÉMONISÉE.

HISTOIRE SAINTE.

Création de l'homme. 4004.	DIEU crée l'homme, et la terre *reçoit son roi.*
Déluge. 2348.	Par sa sainteté qui le sauve du déluge *Noë me ravit.*
Vocation d'Abraham. 1921.	Quitte ton père et ton pays, dit le Seigneur à Abraham, et je te donnerai un héritage plus grand que *ton bien n'était.*
Naissance d'Ismaël. 1897.	Pauvre Ismaël, la naissance d'Isaac *te va piquer.*
Sacrifice d'Abraham. 1859.	La générosité d'Abraham par le sacrifice d'Isaac se *dévoile bien.*
Échelle de Jacob. 1759.	Jacob se montre digne de la vision de l'échelle mystérieuse *dès qu'il le put.*
Jacob en Egypte. 1706.	En partant pour l'Egypt . ô Jacob ! à ceux de ton fils *ton g tre joint.*

Moïse sur le Nil. 1571.

Moïse pleure exposé sur les eaux du Nil, mais Dieu ne manquera pas *de l'écouter.*

Le Décalogue. 1491.

Dieu donne sa loi à son peuple sur le mont Sinaï au son éclatant de la *trompette.*

Passage du Jourdain. 1451.

Josué ayant passé le Jourdain, entre dans le pays de Chanaan, et au peuple de Dieu cette *terre lotit.*

Gédéon. 1245.

Va combattre les ennemis du Seigneur, dit l'ange à Gédéon, et de t'en repentir *tu n'auras lieu.*

Samson. 1156.

Naissance de Samson qui du peuple de Dieu va faire *toute la joie.*

Ruth. 1295.

L'histoire de Ruth renferme quelque chose de touchant et *de noble.*

Samuël. 1166.

La mission de Samuël était *de tout changer.*

Saül, 1er roi. 1091.

Saül est sacré premier roi d'Israël, et trouve un royaume en cherchant à avoir des nouvelles *de ses baudets.*

David sacré roi. 1055.

David est sacré second roi du peuple d'Israël, qui aura lieu d'être content *de celui-là.*

Temple de Salomon. 1005.

Salomon en faisant la dédicace du temple, s'écrie : Malheur à celui qui profanera la sainteté *de ce sol.*

Roboam.
975.

Roboam se voit enlever dix tribus de son royaume pour avoir trop tenu au *pécule.*

Sacrifice d'Héli.
908.

Le sacrifice d'Héli nous prouve que les prêtres de Baal n'étaient pas *bien savants.*

Josaphat.
899.

Josaphat, prince sage et religieu, *fut bien bon.*

Mort d'Achab.
897.

La mort de l'impie Achab fut la punition de ses crimes ; il en avait *fait beaucoup.*

Elisée.
896.

Le prophète Elisée fut un de ces hommes que la cupidité jamais n'a *fait pécher.*

Siége de Samarie.
888.

Quel siége plus lamentable que celui de Samarie *avez-vous vu ?*

Mort de Jézabel.
884.

Mort de la méchante Jézabel, indigne de toute *faveur.*

Mort d'Athalie.
878.

Athalie est massacrée et garde peu le diadème dont elle s'était *fait coiffer.*

Achaz.
808.

Achaz *fut mauvais.*

Isaïe.
785.

Isaïe est un auteur qu'on admire quand on n'en lirait *qu'un feuillet.*

Ezéchias.
727.

Ezéchias rétablit l'ordre dans un royaume où tout n'était *qu'une cohue.*

Josias.
642.

Sous le roi Josias on retrouve le livre du Deutéronome sans le *chercher.*

Judith.
656.

Judith tue Holopherne qui peut dire : Quelle femme sous ma tente *j'ai logée !*

Captivité de Ninive.
721.

Salmanasar amène à Ninive les dix tribus captives, mais on n'y devint pas meilleur *qu'on n'était.*

Jérémie.
629.

Trouver quelqu'un qui chante mieux une douleur que Jérémie, *je ne puis.*

Captivité de Babylone.
606.

Judas put s'écrier en partant pour l'exil : De douleur *j'ai séché.*

Daniel.
595.

Daniel était fort jeune quand pour prophétiser Dieu *l'appela.*

Ezéchiel.
580.

Difficilement on peindrait mieux la résurrection générale des corps qu'Ezéchiel *le faisait.*

Fin de la captivité.
536.

Fin de la captivité du peuple de Dieu, où avaient souffert les bons et *les méchants.*

Esther.
508.

La nation des Juifs allait être sacrifiée à l'orgueil d'Aman, lorsque la belle Esther *la sauva.*

Temple rebâti.
454.

Les ennemis des Juifs les voyant reconstruire le temple, les accablaient de *railleries.*

Judas Machabée.
166.

A l'apparition de Judas Machabée et de ses frères *tout changea.*

Jonathas roi. 152.	Jonathas est reconnu par Alexandre, souverain pontife, et reçoit la pourpre *dans l'année.*
Jérusalem prise par les Romains. 63.	Pompée s'empare de Jérusalem, et Rome lui impose un joug qu'elle ne secouera *jamais.*

HISTOIRE D'ASSYRIE

ET DE

BABYLONIE.

Fondation de l'empire de Babylone. 2204.	A quelle époque précise Nemrod, petit-fils de Cham, fonda l'empire de Babylone, jamais *nous ne saurons.*
Fondation de Ninive 2204.	A quelle époque précise Assur, fils de Sem, jette les fondements de Ninive, jamais *nous ne saurons.*
Bélus. 1324.	Bélus ou Baal réunit les deux empires de Babylone et de Ninive, et prépare un vaste empire de *cette manière.*
Ninus. 1267.	Ninus fut un grand roi qui, dans le respect, *tenait chacun.*
Sémiramis. 1215.	La grande Sémiramis orne Babylone d'une foule de monuments *dignes d'elle.*

Ninias.
1173.

Ninias, prince mou et efféminé,
ne laisse rien qui soit digne
d'un document.

Baletorès.
821.

Baletorès détrône les descendants
de Bélus, et punit leur *vanité.*

Sarda-
napale.
759.

La vie de l'infâme Sardanapale
formerait un singulier *calepin.*

Bélésis.
759.

Bélésis, en détrônant Sardanapale, et en s'emparant de la Babylonie, faisait semblant de ne recher-
cher *que la paix.*

Nabonassar.
747.

Nabonassar, fils de Bélésis, monta
sur le trône aussi facilement qu'on
monte sur un *criquet.*

Pul ou Phul.
759.

Pul ou Phul traite le royaume
d'Israël comme sa *glèbe.*

Téglath-
Phalasar.
742.

Téglath-Phalasar tente plusieurs
entreprises que le succès *couronne.*

Salmanasar.
724.

Salmanasar fut un roi des plus
conquérants que les Assyriens
connurent.

Sennaché-
rib.
712.

Sennachérib est puni de ses blas-
phèmes dans sa lettre à Ezéchias
contenus.

Asar-
Haddon.
707.

Asar-Haddon réunit la Babylonie
à son empire, et se montre digne de
porter le *casque.*

**Nabucho-
donosor.
667.**

Soaduschus , ou Nabuchodonosor Ier , soumet un grand nombre
de peuples , et porte la terreur
> *chez chacun.*

**Nabopo-
lassar.
644.**

Nabopolassar, gouverneur de Babylone, se révolte contre les rois de
Ninive , et de détruire leur empire ,
> *jurera.*

**Nabucho-
donosor II.
605.**

Nabuchodonosor II , ou Nabopolassar II , fut l'un des plus puissants
monarques d'Assyrie , parce que
Dieu voulant châtier plusieurs peuples , lui avait dit :   *Chasse-les.*

**Balthasar.
554.**

Sabynit , ou Nabonid , ou Balthasar , dernier roi d'Assyrie , voit
écrite , sur les murs de son palais ,
l'annonce de la fin de cet empire ,
sans savoir   *la lire.*

HISTOIRE DE L'ÉGYPTE.

**Fondation
de la
monarchie
égyptienne.
2208.**

A quelle époque précise Ménès
ou Mesraïm , fils de Cham , fonde la
monarchie égyptienne ,
> *nous ne savons.*

**Invasion
des rois
pasteurs.
2156.**

L'invasion des rois pasteurs , de
nul Egyptien   *n'était le choix.*

Mœris.
2000.

Mœris, l'un des plus illustres rois d'Egypte, put dire, après avoir terminé son fameux lac : Que le Nil déborde ou non, l'Egypte

ne s'en soucie.

Expulsion des rois pasteurs.
1896.

Thoutmosis, tu chasses les rois pasteurs, et rien désormais ne

te fait bouger.

Joseph, gouverneur.
1725.

Pharaon élève Joseph à la première dignité, et lui dit : Tu ne dépendras

d'aucune loi.

Sésostris.
1301.

"Sésostris, par tes brillants exploits,

tu me séduis.

Les douze rois.
671.

Les douze rois d'Egypte font construire le fameux Labyrinthe, pour la gloire de

chacun d'eux.

L'Egypte soumise aux Perses.
525.

Cambise, roi de Perse, s'empare de l'Egypte, ravage tout, et n'épargne pas même

le Nil.

L'Egypte conquise par Alexandre.
332.

Alexandre s'empare de la Phénicie, de la Syrie et de l'Egypte, la

même année.

Bibliothèque d'Alexandrie.
323.

Pour Ptolomée-Lagus, fondateur de la fameuse bibliothèque d'Alexandrie, un grand respect *m'anime.*

L'Egypte conquise par les Romains.
51.

L'Egypte est réduite en province romaine à la mort de Cléopâtre, si toutefois déjà elle ne

l'était

HISTOIRE GÉNÉRALE
DE LA GRÈCE.

Royaume de Sycione. 2089.

ÆGYALÉE fonde le royaume de Sycione : de plus ancien dans toute la Grèce, nous *n'en savons pas.*

Royaume d'Argos. 1856.

Inachus fonde à Argos un royaume qui dans peu *devait lâcher.*

Déluge d'Ogygès. 1796.

Le déluge arrivé au temps d'Ogygès, les progrès des arts ne *dut qu'empêcher.*

Fondation d'Athènes. 1582.

Athènes est fondée par Cécrops, *de loin venu.*

Deucalion. 1572.

Deucalion, fils de Prométhée, fut un des rois *de Lyconie.*

Jeux amphyctioniques. 1522.

La Grèce eut-elle à se repentir d'avoir établi les jeux amphyctioniques qui se célébraient deux fois *de l'année? Non.*

Fondation de Thèbes. 1519.

Cadmus, fils d'Agénor, fonde Thèbes, et devient le chef de *tous les Thébains.*

Fondation de Sparte. 1516.

Lélex fonde Sparte, dont les habitants aimeront tant la patrie, qu'aucune autre considération ne sera capable *de les toucher.*

Minos. **1432.**	Minos, roi de Crète, la véritable vie *d'un roi mena.*
Royaume **de Mycène.** **1354.**	Persée, du nouveau royaume de Mycène, un parricide *te met le roi.*
Fondation **de Corinthe.** **1325.**	Sysiphe, fils d'Eole, fonde Corinthe qui devint si corrompue, qu'en y voyant entrer quelqu'un, on pouvait lui demander : Quel mauvais génie *t'amène là ?*
Enlèvement **d'Hélène.** **1228.**	Enlèvement d'Hélène, dont la beauté passait pour celle *d'une nymphe.*
Prise **de Troye.** **1208.**	La prise de Troye, toute problématique, a trop occupé les loisirs *de nos savants.*
Fondation **de Sala-** **mine.** **1202.**	Fondation de Salamine, près de laquelle se livra une bataille, célébrée *dans nos sonnets.*
Dévoue- **ment de** **Codrus.** **1095.**	Le dévouement de Codrus mérite de ne jamais tomber au rang *des oublis.*
Origine **des Ilotes.** **1050.**	L'origine des Ilotes date de l'époque de l'esclavage *des Elosiens.*
Homère. **907.**	Homère me récrée comme l'ombre d'un *bosquet.*
Première **monnaie** **d'argent en** **Grèce.** **895.**	Que de gens, la monnaie d'argent frappée, pour la première fois en Grèce, par Phydon, roi d'Argos, *fit piller.*

Lois de Lycurgue. 885.

L'enthousiasme à Sparte, pour les lois de Lycurgue, ne fut qu'un

feu follet.

Royaume de Macédoine. 814.

Caranus fonde le royaume de Macédoine, d'où est sorti un fameux conquérant qui, tout l'univers

fit taire.

Première Olympiade. 776.

A la première Olympiade les vieillards couraient, *quoique âgés.*

Colonie de Corinthiens en Sicile. 769.

La colonie de Corinthiens qui fonda Syracuse en Sicile, ne fit

qu'un choix bon.

Les Ephores. 760.

La dignité des Ephores fut à **Lacédémone**, après les rois celle

qu'on choisit.

Guerre contre les Messéniens. 743.

Après une guerre de vingt ans, les Spartiates vainquirent les Messéniens, qui ne restèrent *guère amis.*

Archontes réduits à un an. 684.

L'autorité des Archontes réduite à un an, à Athènes, ne fut plus capable d'arrêter seulement une

échauffourée.

Lois de Dracon. 624.

Les lois de Dracon étaient trop sévères pour un peuple *généreux.*

Lois de Solon. 594.

Les lois de Solon furent dignes d'un peuple *libre.*

Pisistrate. 561.

Pisistrate s'empare du souverain pouvoir à Athènes, mais on peut dire que, par mille peines il *l'achète.*

Royauté abolie à Athènes. 508.

Les Athéniens abolissent la royauté par amour pour la liberté, et **ne** croyant pouvoir sans cela *la sauver.*

Bataille de Marathon. 490.

Après la bataille de Marathon, l'orgueil des Perses se trouve singulièrement *rabaissé.*

Bataille des Thermopyles. 480.

Avant la bataille des Thermopyles, Léonidas, sommé de rendre les armes, *refuse.*

Bataille de Salamine. 480.

A la bataille de Salamine, la fortune de la Grèce se *ravise.*

Bataille de Platée. 479.

A la bataille de Platée, les Perses sont tellement battus, que jamais plus dans la Grèce ils n'oseront *recamper.*

Exil de Thémistocle. 471.

Thémistocle se retire chez Xerxès, et l'ingratitude de sa patrie se plaît à lui *raconter.*

Paix de Cimon avec la Perse. 449.

Cimon, général athénien, qui força les Perses à faire la paix avec la Grèce, fut un homme *rare* et *bon.*

Périclès. 449.

Périclès, chef du gouvernement d'Athènes, y fit un *rare bien.*

Guerre du Péloponèse. 431.

A la jalousie des républiques de la Grèce contre Athènes, la guerre du Péloponèse fut un triste *remède.*

Guerre contre

Si les Athéniens eussent pu prévoir tous les malheurs où les entraî-

la Sicile. 420.	nait la guerre de Sicile, ils y auraient *renoncé.*
Fin de la guerre du Péloponèse. 404.	La guerre du Péloponèse se termine par un traité qui porte qu'Athènes rasera ses murailles et aura son territoire *resserré.*
Retraite des dix mille. 401.	Retraite des dix mille dans un pays où ils ne pouvaient plus *rester.*
Mort de Socrate. 400.	Socrate meurt et sort du festin de la vie, comme un convive *rassasié.*
Bataille de Leuctres. 371.	Bataille de Leuctres, où Sparte put dire : Que de sang elle *m'a coûté.*
Guerre de Thèbes. 382.	Lors de la guerre de Thèbes contre Sparte, Pélopidas dit à ses compagnons : Thèbes est esclave, *mais venez.*
Bataille de Mantinée. 363.	A la bataille de Mantinée, meurt Epaminondas, l'un des plus grands capitaines que sur son théâtre la Grèce *mit jamais.*
Naissance d'Alexandre 356.	Naissance d'Alexandre, dont la vie de bien et de mal est un *mélange.*
École d'Aristote. 350.	La célèbre école d'Aristote fut ennemie de la *mollesse.*
Guerre Sacrée. 355.	Le rusé Philippe, voyant commencer la Guerre Sacrée, dit : Elle fera *mon lot long.*

2.

Alexandre nommé généralissime des Grecs. 335.

Alexandre, nommé généralissime des Grecs, dit : Je vaincrai et j'irai *même loin.*

Passage du Granique. 334.

Passage du Granique, où Alexandre reçoit de Philippe un bienfait digne de *mémoire.*

Bataille d'Issus. 332.

Après la bataille d'Issus, Darius put dire: Où donc ma fortune *m'a mené?*

Mort de Darius. 330.

Darius mourant, s'écrie : Hélas ! j'eusse pu mourir vieux et tranquille dans *ma maison.*

Alexandre s'empare de l'Egypte. 332.

Alexandre s'empare de la Syrie, de la Phénicie et de l'Egypte, la *même année.*

Conquête des Indes par Alexandre. 328.

La conquête des Indes par Alexandre, est blâmable à *mon avis.*

Mort d'Alexandre 324.

Alexandre meurt d'une triste *manière.*

Partage de l'empire d'Alexandre 301.

Les généraux d'Alexandre se partagèrent son vaste empire d'une manière *maussade.*

Ligue des Achéens. 281.

La ligue des Achéens fut composée d'hommes qui ne furent ni vaincus *ni vendus.*

La Grèce réduite en province romaine. 146.

Mummius réduit la Grèce en province romaine d'une manière *étrange.*

HISTOIRE
DES CARTHAGINOIS.

Fondation de Carthage. 853.	DIDON fonde Carthage , dont les enfants doivent un jour combattre si *vaillamment.*
1re guerre contre la Sicile. 481.	Lors de la première guerre des Carthaginois en Sicile , Gélon , tyran de Syracuse , se montra digne du pouvoir dont on l'avait *revêtu.*
2me guerre contre la Sicile. 396.	Denys fait de grands progrès en Sicile, déclare la guerre aux Carthaginois, et se dit : Ils verront *mes beaux faits.*
Thimoléon. 345.	Thimoléon bat les Carthaginois et put dire : J'ai bien usé des pouvoirs qu'on *m'a remis.*
Agathocle. 317.	Carthage , effrayée de l'arrivée d'Agathocle , s'écrie : Avec quelle hardiesse il *m'attaque !*
1re guerre punique. 265.	La première guerre punique fit repentir les Romains de s'être montrés à l'égard de la marine si *nonchalants.*
Fin de la 1re guerre punique. 243.	Pour terminer la première guerre punique , les Carthaginois firent des sacrifices *énormes.*

2me guerre punique. 219.	La cause de la seconde **guerre** punique, fut que les Carthaginois voyant les Romains trop exigeants dirent : Reprenons *nos débats.*
Fin de la 2me guerre punique. 203.	Lassés de la deuxième guerre punique, les Carthaginois se dirent : Faisons que les Romains redeviennent *nos amis.*
Mort d'Annibal. 184.	Annibal s'empoisonne et délivre les Romains d'un grand sujet *d'effroi.*
3me guerre punique. 151.	Pour la troisième guerre punique, Carthage met sur pied ses troupes *d'élite.*
Destruction de Carthage. 146.	Carthage est détruite par un effet de la jalousie des Romains qu'elle avait *outragés.*

HISTOIRE ANCIENNE

DE LA SICILE.

1re Époque connue 1154.	LA première époque connue de l'histoire des Siciliens, remonte au delà de celle *de tous leurs rois.*
Fondation de Syracuse. 769.	La colonie de Corinthiens conduite par Archias, qui fonda Syracuse, ne fit *qu'un choix bon.*

Premières possessions. des Carthaginois. 503.

La Sicile laisse prendre quelques villes à l'ambition de Carthage , qui plus tard *la soumet.*

Guerre contre les Athéniens. 420.

Si les Athéniens eussent pu prévoir tous les malheurs où les entraînait la guerre de Sicile , ils y auraient *renoncé.*

Destruction de l'armée athénienne. 413.

Par la perte de leur flotte et de leur armée sous les murs de Syracuse , les Athéniens sont frappés *rudement.*

1re guerre contre Carthage. 481.

Lors de la première guerre des Carthaginois en Sicile , Gélon , tyran de Syracuse , se montra digne du pouvoir dont on l'avait *revêtu.*

Hiéron, roi. 472.

Hiéron , second roi de Syracuse , fut un prince illustre mais un peu *rancunier.*

Thasybule. 461.

Thrasybule, troisième roi de Syracuse, fut un si méchant roi , qu'il se fit *rejeter.*

Denys l'Ancien. 406.

Denys l'Ancien, en s'emparant du souverain pouvoir à Syracuse, fit dire à cette ville : Quel maître *reçois-je ?*

2me guerre contre Carthage. 398.

Denys fait de grands progrès en Sicile , déclare la guerre aux Carthaginois , et se dit : Ils verront *mes beaux faits.*

Destruction de Rhège. 389.

La ville de Rhège est détruite **pour** avoir insulté Denys, sans que **rien** pût la tirer de ce *mauvais pas.*

Denys, disciple de Platon. 372.

Denys le Jeune put dire : A la vertu Platon *m'a gagné.*

Exil de Denys. 360.

Denys le Jeune, détrôné par Dion, part pour l'exil, et s'écrie : Ma patrie *m'a chassé.*

Mort de Dion. 358.

Dion est assassiné par Callipe, mais non pour avoir *mal fait.*

Denys remonte sur le trône. 350.

Denys remonte sur le trône, et dit: On eût bien pu *m'y laisser.*

Arrivée de Thimoléon. 356.

Thimoléon de Corinthe arrive **en** Sicile, et dit : Au désir de ma patrie, je vais sacrifier *mon repos.*

Guerre de Thimoléon. 343.

Thimoléon bat les Carthaginois, et peut dire : J'ai bien usé des pouvoirs qu'on *m'a remis.*

Guerre d'Agathocle. 317.

Carthage, effrayée de l'arrivée d'Agathocle, s'écrie : Avec quelle hardiesse il *m'attaque !*

Pyrrhus en Sicile. 281.

Le roi Pyrrhus croyait établir à Syracuse plus d'autorité que réellement il *n'y fonda.*

Hiéron II. 268.

Hiéron, élu roi par son alliance avec les Romains, termine ces guerres contre Carthage, que rien *n'achevait.*

Hiéronime monte sur le trône. 215.

Hiéronime, par son faste royal,
est indigne du sol   *natal.*

Hiéronime est assassiné. 214.

Hieronime est assassiné, et son
règne est encore plus triste qu'il
                                          n'a duré.

La Sicile devient province romaine. 212.

Marcellus soumet la Sicile aux
Romains, qui jamais un si bon pays
                                          n'ont tenu.

Mort d'Archi- mède. 213.

Archimède est tué par un soldat
romain mécontent de n'avoir pas
été reçu assez   *honnêtement.*

HISTOIRE DE LYDIE.

Fondation du royaume de Lydie. 2206.

A quelle époque précise Lud, l'un
des enfants de Sem, fonde l'état de
Lydie,   *nous ne savons.*

Dynastie des Atyades. 1579.

Maon, chef de la dynastie des
Atyades, monte le premier sur le
trône de Lydie, et sa race jusqu'à
Hercule continue   *de l'occuper.*

Dynastie des Héraclides. 1366.

Hercule, chef de la dynastie des
Héraclides, règne et dit : Je laisse à
la postérité le soin   *de me juger.*

Dynastie des Mermnades. 709.

Gygès, chef de la dynastie des
Mermnades, par la mort de Can-
daule, son maître, se   *casa bien.*

Fin du royaume de Lydie. 547. Crésus, dernier roi de Lydie, est vaincu par Cyrus, qui tomba sur lui comme *l'ouragan.*

===

HISTOIRE

DU ROYAUME DE SYRIE.

Fondation du 1er royaume de Syrie. 1050. S'IL fallait trouver l'époque précise de la fondation du premier royaume de Syrie, on ne manquerait pas *de se lasser.*

Divisé d'abord en royaumes de Soba et de Damas. 1044. Adaréser, roi de Soba, et Adad, roi de Damas, font la guerre au roi David, mais n'ont pas lieu *de s'en rire.*

Benadad. 940. Benadad, qu'Asa, roi de Juda, appelle à son secours, n'était pas un prince *paresseux.*

Hazaël. 884. Hazaël monte sur le trône, parce que le prophète Elie l'avait sacré roi, et lui avait dit : Le Seigneur roi *vous fera.*

Rasin. 741. Rasin, dernier roi de Syrie, est vaincu par Téglathphalassar, qui le tue au lieu de le faire *garrotter.*

La Syrie passe aux Assyriens. 741. La Syrie passe aux Assyriens, et pendant long-temps son histoire ne nous offre plus de *garantie.*

La Syrie passe aux Perses. 554.

La Syrie passe aux Perses avec l'Assyrie par la conquête de Cyrus, trop belle pour que chacun ne soit pas désireux de *la lire.*

La Syrie conquise par Alexandre. 332.

La Syrie, la Phénicie, l'Egypte, sont conquises par Alexandre la *même année.*

2e royaume de Syrie. 312.

Seleucus-Nicator, l'un des successeurs d'Alexandre et fondateur du second royaume de Syrie, par ses brillants exploits *m'étonne.*

Antiochus-Soter. 280.

Antiochus-Soter à rien de grand, ce semble, *n'a visé.*

Antiochus-Theus. 261.

Antiochus-Theus, perd la plus grande partie des provinces de son vaste royaume, et aucune autre *n'y ajouta.*

Seleucus-Gallinicus. 248.

Seleucus-Gallinicus recouvre toutes les provinces du royaume de Syrie par une espèce de prodige, que jamais depuis on *n'a revu.*

Antiochus-le-Grand. 224.

Antiochus-le-Grand a fait une foule d'exploits que personne *n'ignore.*

Seleucus-Philopator. 188.

Seleucus-Philopator n'a dans son règne que l'histoire d'Héliodore de piquant et *de vif.*

Antiochus-Épiphanes. 177.

Antiochus-Epiphanes, c'est-à-dire, l'illustre, aurait plutôt mérité le surnom *de coquin.*

Antiochus-Grypus. 123.	Antiochus-Grypus présente le poison à sa coupable mère sans *étonnement.*
Antiochus Eupator. 163.	Antiochus-Eupator fait la paix avec les Machabées avec une sorte *d'attachement.*
Démétrius-Soter. 162.	Démétrius - Soter monte sur le trône avec une fureur *déchaînée.*
La Syrie passe à l'Arménie. 84.	Les Syriens, ennuyés des meurtres et des crimes de leurs souverains, se donnent à Tigrane, roi d'Arménie, ne sachant plus que *faire.*
La Syrie devient province romaine. 64.	Pompée réduit la Syrie et la Phénicie en provinces romaines, et elles ne lui coûtèrent pas *cher.*

HISTOIRE DES PHÉNICIENS.

Fondation de Sidon. 1800.	FONDATION de la ville de Sidon, dont la gloire bientôt *devait cesser.*
Fondation de la 1re Tyr. 1700.	Agénor fonde la première Tyr, qui devint si riche, qu'elle ne semblait agitée *d'aucun souci.*
Cadmus apporte les lettres en Grèce. 1682.	Cadmus, fils d'Agénor, apporte les lettres de Phénicie en Grèce, où d'autres lettres, avant lui, étaient *déjà venues.*

Abibal, 1er roi de Tyr. 1075.

Depuis la fondation de Tyr jusqu'à Abibal, son premier roi, bien des années venaient *de s'écouler.*

Hiram. 1040.

Hiram laisse couper les cèdres du Liban à Salomon, qui lui avait fait part de *ses raisons.*

Ithobal. 926.

Jésabel, fille d'Ithobal, qui épousa Achab, roi d'Israël, fit souffrir bien des *bonnes gens.*

Pygmalion. 860.

Didon fut en Afrique, et quitta son frère Pygmalion pour des choses *fâcheuses.*

Elulée. 786.

Elulée, en déclarant la guerre aux Cypriotes, aurait dû se dire : *Que fais-je ?*

Ithobal II. 591.

Nabuchodonosor Ier attaqua Ithobal II, et *le battit.*

Destruction de l'ancienne Tyr, et fondation de la nouvelle. 572.

Nabuchodonosor II détruit Tyr, que les habitants rebâtissent dans une île voisine, et qui devient aussi puissante qu'on *l'a connue.*

Balator. 554.

Balator règne à Tyr, sous la dépendance des Assyriens, mais ce furent les Tyriens qui *l'élurent.*

Alexandre s'empare de Tyr. 332.

Alexandre s'empare de la Syrie, de l'Egypte et de la ville de Tyr, *la même année.*

Tyr passe au nouveau royaume de Syrie. 301.	Tyr tombe au pouvoir de Seleu-cus-Nicator, et n'est plus qu'une *mazette.*
La Phénicie, province romaine. 64.	Pompée réduit la Syrie et la Phé-nicie en provinces romaines, et elles ne lui coûtent pas *cher.*

HISTOIRE DES PERSES.

1re époque connue de l'histoire de Perse. 800.	L'HISTOIRE des Perses réunis en corps de nation remonte à une épo-que enveloppée d'obscurités, que rien ne *fait cesser.*
La Perse soumise à la Médie. 700.	La Perse se laisse soumettre à la Médie, par une indigne *concession.*
La Lydie jointe à la Perse. 547.	Crésus, dernier roi de Lydie, **est** vaincu et dépossédé par Cyrus qui tombe sur lui comme *l'ouragan.*
Le royaume d'Assyrie joint à la Perse. 554.	Le royaume d'Assyrie est joint à la Perse par la mort de Balthasar, qui voit son arrêt écrit sur les murs de son palais, sans pouvoir *le lire.*
Fameux édit de Cyrus. 536.	Cyrus termine par un édit la cap-tivité des Juifs, où les bons avaient été châtiés avec *les méchants.*
Egypte soumise à la Perse. 525.	Cambise, roi de Perse, s'empare de l'Egypte, ravage tout, et n'épar-gne pas même le *Nil.*

Guerre contre la Grèce. Marathon. 490.

Darius, roi de Perse, porte la guerre en Grèce, mais à la bataille de Marathon, il voit son orgueil *rabaissé.*

Bataille des Thermopyles. 480.

Xerxès défait les Grecs à la bataille des Thermopyles, où Léonidas, sommé de se rendre, *refuse.*

Bataille de Salamine. 480.

Les Perses sont battus à la bataille de Salamine, où la fortune de la Grèce se *ravise.*

Bataille de Platée. 479.

A la bataille de Platée, les Perses sont tellement battus, que jamais plus, dans la Grèce, ils n'oseront *recamper.*

Paix avec la Grèce. 449.

Cimon, général athénien, qui force les Perses à faire la paix avec la Grèce, fut un homme *rare et bon.*

Retraite des dix mille. 401.

Retraite des dix mille, dans un pays où ils ne pouvaient plus *rester.*

Invasion de la Perse par Alexandre. 334.

Bataille du Granique, où Alexandre reçoit de Philippe un bienfait digne de *mémoire.*

Bataille d'Issus. 332.

Après la bataille d'Issus, Darius put dire : Où donc la fortune *m'a mené ?*

La Perse soumise aux Grecs. 330.

Alexandre s'empare de la Perse à la mort de Darius, qui s'écrie : J'eusse pu mourir vieux et tranquille dans *ma maison.*

<table>
<tr><td>La Perse passe au royaume de Syrie. 312.</td><td>La Perse passe au deuxième royaume de Syrie, sous Seleucus-Nicator, dont les brillants exploits *m'étonnent.*</td></tr>
<tr><td>La Perse devient province romaine. 64.</td><td>La Perse est réduite en province romaine par Pompée, en même temps que le reste de la Syrie, qui ne lui coûta pas *cher.*</td></tr>
</table>

HISTOIRE DES MÈDES.

<table>
<tr><td>La Médie forme une nation à part. 759.</td><td>ARBACÈS, gouverneur de la Médie pour les Assyriens, secoue leur joug, en se révoltant contre Sardanapale, dont la vie formerait un singulier *calepin.*</td></tr>
<tr><td>Déjoces, 1er roi de Médie. 733.</td><td>Déjoces, premier roi des Mèdes, ne fut pas un de ces princes qui ne rendent leurs peuples heureux *qu'un moment.*</td></tr>
<tr><td>Phaortes. 690.</td><td>Phaortes, plus guerrier que prudent, eût pu dire : D'un peu de sagesse *j'ai besoin.*</td></tr>
<tr><td>Cyaxare. 655.</td><td>Cyaxare, par la manière indigne dont il se défit des Scythes, ne mérite pas que *je le loue.*</td></tr>
<tr><td>Astyage. 595.</td><td>Astyage est le grand-père de Cyrus, et pour faire la guerre aux Babyloniens, *l'appelle.*</td></tr>
</table>

La Médie unie à la Perse.
552.

La Médie est jointe à la Perse, en la personne de Cyrus, d'une conduite si admirable, que chacun en approuve *la ligne.*

HISTOIRE DE DIFFÉRENTS ÉTATS
DE L'ANTIQUITÉ.

Fondation du royaume troyen.
1508.

FONDATION par Teucer et Dardanus du royaume de Troye, qui n'est pas même reconnue de *tous les savants.*

Ruine de Troye.
1208.

La prise de Troye, toute problématique, a trop occupé les loisirs *de nos savants.*

Expédition des Argonautes.
1330.

L'expédition des Argonautes fut composée d'un grand nombre de princes occupés *d'un même soin.*

Fondation du royaume de Pergame.
295.

Le premier roi de Pergame, fut Philatœrus, non assez *noble.*

Sa fin.
153.

Le royaume de Pergame est légué aux Romains par Attale, son dernier roi, qui n'y tenait pas *tellement.*

Fondation du royaume de Bythinie.
321.

Fondation du royaume de Bythinie, dont la durée semble n'avoir été que de quelques *minutes.*

Sa fin. **95.**	Le royaume de Bythinie passe aux Romains, par le testement de Nicomède III, qui le leur *baille.*
Fondation **du royaume** **des Parthes.** **274.**	Arsace fonde le royaume des Parthes, qui était une portion du royaume de Syrie *naguère.*
Sa fin. **200 après** **J.-C.**	Le royaume des Parthes dura jusqu'au royaume moderne des Perses, à sa *naissance.*
Fondation **du royaume** **deCapadoce.** **327.**	Fondation du royaume de Capadoce par Ariarathe, qui ne fut qu'un simple *mannequin.*
Sa fin. **17.**	Le royaume de Capadoce va se fondre dans le fleuve de l'empire romain, qui ne rencontre aucune *digue.*
Fondation **du royaume** **du Pont.** **514.**	Le royaume du Pont fut fondé en faveur d'Arthabase, par Darius-Hystaspe, qui n'était pas un *ladre.*
Mithridate **1er.** **402.**	Mithridate 1er est un des rois du Pont qui ont le mieux *raisonné.*
Fin **du royaume** **du Pont.** **83.**	Les Romains s'emparent du royaume du Pont, à la mort de Mithridate, leur ennemi *fameux.*
Fondation **du royaume** **de Phrygie.** **500.**	Fondation du royaume de Phrygie, patrie d'Esope, qui avait au moins autant d'esprit qu'un de nos *licenciés.*

**Sa fin.
1569.**

Crésus, roi de Lydie, trouve l'occasion de s'emparer de la Phrygie, et se garde bien *de l'échapper.*

**Fondation
du royaume
de Bosphore.
501.**

Fondation du royaume de Bosphore, qui n'eut guère d'alliés que *les Scythes.*

**Dynastie
des Archœa-
nactides.
487.**

Commencement du règne des Archœanactides, qui furent bientôt *révoqués.*

**Spartacus
Ier.
443.**

Règne de Spartacus Ier, dont les historiens parlent *rarement.*

**Pœrisade.
115.**

Pœrisade, ne pouvant résister aux Scythes, entre les mains de Mithridate, roi du Pont, met son royaume en *tutelle.*

**Macharès.
79.**

Règne de Macharès, qui sans son père Mithridate n'eût jamais *succombé.*

**Pharnace.
82.**

Pharnace, fils de Mithridate, obtient de Pompée le royaume de Bosphore; mais il a bien mal *fini.*

**Fin.
du royaume
de Bosphore.
312 après
J.-C.**

Le royaume de Bosphore dure jusqu'au temps où Constantin dit: J'ouvre les yeux à la lumière qui *m'étonne.*

**Royaume
de Thrace.
431.**

Le royaume de Thrace, jusqu'à une époque reculée *remonte.*

**Sa fin.
19.**

Le royaume de Thrace, sous l'empereur Claude, dans l'empire romain vient *tomber.*

HISTOIRE ROMAINE.

Colonie d'Evandre en Italie. 1330.	Colonie d'Evandre en Italie, pendant que les Argonautes partaient pour leur expédition, tous occupés *d'un même soin.*
Colonie d'Enée. 1270.	La colonie d'Enée en Italie, tint à plus *d'une cause.*
Fondation de Rome. 753.	Romulus fonde Rome, et se montre, à l'égard de son frère, peu *clément.*
Numa Pompilius. 715.	Numa Pompilius, premier roi de Rome, fut un prince *cauteleux.*
Tullus. 672.	Sous Tullus, Rome et Albe terminèrent leur différend par le combat des Horaces et des Curiaces, qui décida le sort de *chacune.*
Ancus Martius. 639.	Ancus Martius, qui rebâtit Rome sur un plan régulier et l'entoura de murs, fut un prince à *jamais bon.*
Tarquin l'Ancien. 614.	Tarquin l'Ancien fait construire le Cirque où paraîtront dans la suite tant de tristes *joûteurs.*
Servius Tullius. 578.	Servius Tullius, quoique monté frauduleusement sur le trône, eût mérité une plus *longue vie.*

— 51 —

Tarquin le Superbe. 534.

Tarquin le Superbe monte sur le trône par un crime ; aussi personne ne *l'aimera.*

Abolition de la royauté. 509.

Abolition de la royauté amenée par la mort de Lucrèce, qui se suicide pour que Tarquin la *laisse en paix.*

Création du consulat. 509.

Création de deux consuls qui sauvèrent Rome contre *les Sabins.*

Création de la dictature. 497.

Création de la dictature, qui ne fut pas long-temps à se *rebiquer.*

Mort de Tarquin le Superbe. 495.

Tarquin le Superbe meurt de regret de n'avoir pu se faire *rappeler.*

Établissement du tribunat. 492.

Etablissement du tribunat, qui fut une source de dépravation et de *rapines.*

Mort de Coriolan. 487.

Coriolan meurt chez les Volsques quelque temps après que son exil fut *révoqué.*

Loi agraire. 485.

La loi agraire arma l'une contre l'autre, deux classes *rivales.*

Cincinnatus, dictateur. 457.

Pour revêtir Cincinnatus de la dictature, on le tira de la campagne où il s'était volontairement *relégué.*

Les douze tables. 450.

Rome attend des décemvirs de bonnes lois ; mais par le recueil des douze tables son espoir n'est point *réalisé.*

Abolition des décemvirs. 448.	Abolition des décemvirs, due à la mort de Virginie, *rare enfant.*
Création de la questure. 443.	On crée la questure et la censure, sans comprendre que le pouvoir populaire, dans ses limites, reste *rarement.*
Établissem^t de la solde militaire. 404.	La solde est établie pour les troupes romaines, qui en sont *rassurées.*
Exil de Camille. 392.	Camille exilé, s'écrie: Puisse s'en repentir cette patrie qui *me bannit!*
Prise de Rome par les Gaulois. 389.	Les Gaulois s'emparent de Rome, et la mettent dans un *mauvais pas.*
Création des préteurs. 367.	La création des préteurs et des édiles ne peut réconcilier le peuple et la noblesse, qui étaient toujours comme deux *hommes choqués.*
Guerre des Latins. 341.	Guerre contre les Latins, où, par son dévouement, Décius acquit une gloire *méritée.*
Guerre des Samnites. 343.	La guerre contre les Samnites fut entreprise sans qu'on y eût réfléchi assez *mûrement.*
Victoire des Gaulois. 337.	Défaite de Cécilius par les Gaulois, toujours animés pour la guerre du *même goût.*
Les Gaulois encore devant Rome. 336.	Les Gaulois vont une seconde fois assiéger Rome, mais n'ont pas sujet de se livrer à la *même joie.*

Le sacerdoce accordé au peuple. 300.

Le peuple obtient qu'au nombre des candidats à la dignité sacerdotale, il puisse être *mis aussi.*

Guerre. de Pyrrhus. 282.

Si Pyrrhus, roi d'Epire, eût su ce qu'étaient les Romains, avant de venir en Italie, il ne serait ni parti *ni venu.*

Première monnaie d'argent. 269.

La première monnaie d'argent à Rome, aux inconvénients de la cupidité *n'échappa.*

Alliance avec la Sicile. 268.

Hiéron II est élu roi de Syracuse, et par son alliance avec les Romains, termine cette longue guerre contre Carthage, que rien *n'achevait.*

1re guerre punique. 265.

La première guerre punique fit repentir les Romains de s'être montrés, à l'égard de la marine, si *nonchalants.*

1er combat des gladiateurs. 264.

Le premier combat des gladiateurs, donné à Rome, accoutumera le peuple à voir d'un œil sec un homme qui, dans son sang, *nagera.*

Mort de Régulus. 251.

Par la mort de Régulus, les Carthaginois firent voir qu'ils n'avaient de l'héroïsme *nulle idée.*

Fin de la 1re guerre punique. 243.

Pour obtenir la paix, après la première guerre punique, les Carthaginois firent des sacrifices *énormes.*

Première pièce de théâtre.
241.

La première pièce de théâtre jouée à Rome, par le poëte Livius Andronicus, eût été médiocre derrière *nos rideaux.*

1er tribunal de justice.
233.

Le premier tribunal de justice érigé à Rome fait voir que nous ne savons pas nous rendre justice à *nous-mêmes.*

1er médecin à Rome.
239.

Archagatus, le premier médecin qu'on vit à Rome, fut *un homme bon.*

1er divorce à Rome.
232.

Le premier divorce à Rome a trouvé bien des imitateurs parmi *nos manants.*

Les Gaulois abattus en Italie.
220.

Marcellus écrase la puissance des Gaulois en Italie, qui tremblait qu'à son bonheur elle *ne nuisît.*

2me guerre punique.
219.

Lors de la seconde guerre punique, les Carthaginois voyant les Romains trop exigeants, dirent : Reprenons *nos débats.*

Bataille de Trasimène.
214.

Les eaux du lac de Trasimène, rougies du sang romain, perdirent leur limpidité *native.*

Bataille de Cannes.
217.

Après la bataille de Cannes, Fabius fut opposé à Annibal comme *une digue.*

1re guerre de Macédoine.
214.

Combien la première guerre des Romains contre Philippe, roi de Macédoine, influa sur le sort du monde, qui *nous dira ?*

Mort d'Archimède. 213.
Archimède est tué par un soldat romain, irrité de n'avoir pas été reçu assez *honnêtement.*

La Sicile devient province romaine. 212.
La Sicile devient province romaine, et jamais les Romains un si bon pays *n'ont tenu.*

Les deux Scipions battus en Espagne. 212.
Les deux Scipions sont battus en Espagne par Asdrubal, que rien *n'étonnait.*

Monnaie d'or. 212.
Lorsque les Romains voulurent employer la monnaie d'or, ils se dirent : Nous n'allons pas assez vite avec *nos deniers.*

Fin de la 2e guerre punique. 203.
A la fin de la seconde guerre punique, les Carthaginois dirent : Faisons en sorte que les Romains redeviennent *nos amis.*

2e guerre de Macédoine. 200.
La seconde guerre contre la Macédoine, à la fin de laquelle Flaminius proclama la liberté de la Grèce, n'inspira ni défiance *ni souci.*

Traité de paix avec Antiochus. 197.
Le traité de paix que firent les deux Scipions avec Antiochus, roi de Syrie, est digne de servir *d'époque.*

Rues de Rome pavées. 196.
On pave les rues de Rome, où l'on ne pouvait *déboucher.*

Caton, censeur. 185.
Caton accepte la censure qui lui est *dévolue.*

Mort d'Annibal. 184.	Annibal s'empoisonne, et délivre les Romains d'un grand sujet *d'effroi.*
Soumission de la Sardaigne. 163.	Entière soumission de la Sardaigne et de la Corse, qui finissent par avoir pour Rome un *attachement.*
Acquisition du royaume de Pergame. 153.	Le royaume de Pergame est livré aux Romains par Attale, son dernier roi, qui n'y tenait pas *tellement.*
3me guerre punique. 151.	Pour la troisième guerre punique, Carthage mit sur pied ses troupes *d'élite.*
3me guerre de Macédoine. 179.	Troisième guerre de Macédoine, où, par la défaite de Persée, Paul-Emile la Grèce commence *d'occuper.*
Acquisition de la Dalmatie. 156.	La Dalmatie devient province romaine, dans l'ivresse *de la joie.*
Destruction de Carthage. 146.	Carthage est détruite par ordre du sénat, qui veut venger la puissance de Rome *outragée.*
La Grèce soumise à Rome. 146.	La Grèce est réduite en province romaine, le même jour qu'on détruit Carthage, pour venger la puissance de Rome *outragée.*
Guerre de Variathe. 140.	Terrible guerre contre le brigand Variathe, que l'assassinat seul peut *terrasser.*
Mort de Tibérius Gracchus. 134.	Le courage que montra Tibérius Gracchus, le jour de sa mort, a été trop *admiré.*

Destruction de Numance. 134.

Conquête d'une partie de l'Espagne, et destruction de Numance, qui long-temps la terreur de Rome avait *demeuré.*

Guerre des esclaves. 133.

La guerre des esclaves commence par des carnages et finit *de même.*

Guerre contre les Gaulois transalpins. 125.

Commencement des guerres des Romains contre les Gaulois transalpins, qui n'étaient séparés que *d'une lieue.*

Mort de Caïus Gracchus. 124.

Caïus Gracchus est bientôt mis hors d'état *de nuire.*

Conquête de la Gaule narbonnaise 121.

Les Romains s'emparent de la Gaule narbonnaise *tout net.*

Soumission du Dauphiné et de la Provence. 118.

Le Dauphiné et la Provence deviennent provinces de Rome, qui cherche dès lors à dominer les Gaules dont elle avait *tant d'envie.*

Guerre contre Jugurtha 114.

La guerre contre Jugurtha parvint à réduire en province romaine la Numidie, qui dans l'empire romain ne se souciait pas *d'entrer.*

Invasion des Cimbres, Teutons, etc. 115.

Invasion des hordes de Cimbres, de Teutons et d'autres peuples barbares du Nord, qui semblent ennemis de *toute loi.*

Soumission du Portugal. 99.

Dolabella soumet le Portugal, qui coûta *bien peu.*

Soumission

La Cyrénaïque est léguée aux

3.

de la Cyrénaïque. 96. Romains par son roi Appion, qui avait pour eux un *penchant.*

Guerre sociale. 89. La guerre sociale mit la république romaine dans un *faux pas.*

Proscriptions de Marius et de Sylla. 88. Par les proscriptions de **Marius**, bien des dames romaines sont *veuves.*

Sertorius en Espagne. 84. Sertorius se retire en Espagne, où il brave les efforts du peuple *souverain.*

Sylla, dictateur. 82. Sylla se fait nommer dictateur, et règne sur cette Rome si *vaine.*

Il abdique. 81. Sylla abdique volontairement le pouvoir dont il se *vantait.*

Soumission du royaume de Bithynie. 95. Le royaume de Bithynie passe aux Romains, par le testament de Nicomède, qui le leur *bailla.*

Soumission du royaume du Pont. 83. Le royaume du Pont est soumis aux Romains par Sylla, à la mort de Mithridate, leur ennemi *fameux.*

Guerre des pirates. 79. Guerre des pirates, qui sous les efforts de Pompée sont obligés de *succomber.*

Mort de Sertorius. 74. Sertorius est assassiné par Porsenna, homme sans *cœur.*

Révolte des esclaves. 73. Le gladiateur Spartacus, à la tête des esclaves révoltés, pendant trois ans, mille crimes *commet.*

Rivalités de Crassus et de Pompée. 71.

Rivalités de Crassus et de Pompée, dont chacun tenait à se faire *goûter*.

Mort de Catilina. 64.

Catilina meurt à la bataille de la Pistoie, et échappe au bourreau qui aurait dû terminer ses *jours*.

Soumission de la Syrie, Phénicie, Perse. 64.

Pompée, réduit en provinces romaines la Syrie, la Perse et la Phénicie, qui ne lui coûtèrent pas *cher*.

Prise de Jérusalem. 63.

Pompée s'empare de Jérusalem, et lui impose un joug qu'elle ne secouera *jamais*.

Premier triumvirat. 60.

Le premier triumvirat réduit la liberté à peu de *chose*.

Exil de Cicéron. 59.

Cicéron prend le deuil avec vingt mille chevaliers romains, et s'exile pour *le bien*.

Conquête de la Gaule. 51.

La Gaule, conquise par César, ne fut pas si malheureuse qu'on *l'a dit*.

Soumission de l'Égypte. 51.

L'Égypte est réduite en province romaine à la mort de Cléopâtre, si toutefois déjà elle ne *l'était*.

César et Pompée. 48.

Par la guerre civile entre César et Pompée, le dernier reste de liberté fut *ravi*.

Bataille d'Actium. 31.

La bataille d'Actium influa sur le sort du *monde*.

Mort de César. 44.

L'assassinat de César en plein sénat fait *horreur*.

Second triumvirat. 43.	Le second triumvirat remplit de nouveau de sang et de carnage la ville de *Rome.*

===================

HISTOIRE DE FRANCE.

Colonie des Galls ou Gomériens. 2004.	A quelle époque précise vinrent dans nos contrées les Galls ou Gomériens, descendants de Gomer, fils de Japhet, nous n'avons jamais pu *nous assurer.*
Colonie de Gaulois en Galice. 1579.	Une colonie de Gaulois va s'établir en Espagne, dans la Galice, et ne cesse *de l'occuper.*
1re colonie de Gaulois en Italie. 1511.	Première colonie de Gaulois en Italie, dont la beauté était bien capable *de les tenter.*
Invasion des Cimbres. 600.	Les Cimbres font une irruption dans les Gaules, et pour y fixer leur séjour les *choisissent.*
Fondation de Marseille. 600.	Marseille est fondée par une colonie de Phocéens, qui le plus beau pays des Gaules *choisissent.*
Expédition de Sigovèse. 595.	Sigovèse va fonder des colonies en Asie, en Galatie, ou l'appât du gain *l'appelait.*
Expédition de Bellovèse. 595.	Bellovèse va fonder des colonies en Italie, ou l'appât du gain *l'appelait.*

Prise de Rome par les Gaulois. 389.

Les Gaulois s'emparent de Rome et mettent cette république dans un *mauvais pas.*

3e irruption des Gaulois en Italie. 367.

Troisième irruption des Gaulois en Italie, qui se battaient avec un courage *magique.*

4e irruption des Gaulois en Italie. 238.

Quatrième irruption en Italie, de la part des Gaulois, que rien *n'émouvait.*

Irruptions des Gaulois en Grèce et en Asie. 279.

Diverses irruptions en Grèce et en Asie de la part des Gaulois, qui ne craignaient ni fatigues *ni combats.*

Irruption en Thrace et à Bysance. 278.

Les Gaulois ravagent la Thrace, pillent le temple de Delphes, et imposent un tribut à Bysance, où ils ne laissent sans visiter ni greniers *ni caves.*

Irruption en Bithynie. 216.

Prusias, roi de Bithynie, taille en pièces une armée de Gaulois, qu'à aucun pays rien *n'attachait.*

Les Gaulois traitent avec Alexandre. 335.

Les Gaulois des bords de la mer Adriatique font un traité d'alliance avec Alexandre, lui disant qu'ils ne craignent rien, pas *même lui.*

Les Gaulois au service d'Antigone. 321.

Les Gaulois se mettent au service d'Antigone, qui les traite sans *humanité.*

Conquête de Jules César. 51 av. J.-C.

La Gaule, après la conquête de Jules César, ne fut pas si malheureuse qu'on *l'a dit*

La foi prêchée dans les Gaules. 95 apr. J.-C.

La foi est prêchée dans les Gaules où elle devint si *belle.*

Premières excursions des Francs. 253.

Premières excursions dans les Gaules de la part des Francs, qui ne purent s'y fixer *nullement.*

Paris, résidence du gouverneur. 360.

Paris peut dire : Il y a bien des siècles qu'un gouverneur des Gaules pour sa résidence *m'a choisi.*

Royaume des Visigoths. 412.

Toulouse devient la capitale du royaume des Visigoths, et le souvenir en a *retenu.*

Royaume des Bourguignons. 428.

Etablissement de la monarchie bourguignonne, qui bientôt *arienne fut.*

Pharamond. 420.

Les Francs entrent dans la Gaule sous Pharamond, leur roi ; mais à leur conquête ils sont obligés de *renoncer.*

Loi salique. 424.

D'après la loi salique, les femmes peuvent-elles *régner ? Non.*

Clovis. 481.

Clovis se montre digne du titre dont les Francs l'ont *revêtu.*

Baptême de Clovis. 494.

Clovis se fait baptiser, et bientôt partout, sous son empire, l'étendard de la croix est *arboré.*

Loi Gombette. 501.

Le roi Gondebaud donne aux Bourguignons la loi Gombette, d'après laquelle le duel est *licite.*

Childebert Ier.
311.

Childebert Ier eût été un assez bon roi, si l'ambition ne *l'eût tenté.*

Clotaire Ier.
558.

Clotaire Ier règne seul, et se montre peu digne du rang où son ambition *l'éleva.*

Caribert.
561.

Caribert favorisé par le sort, règne à Paris, et commet mille *lâchetés.*

Chilpéric.
584.

Chilpéric est assassiné par ordre de Frédégonde, à laquelle il s'était *livré.*

Clotaire II.
584.

Clotaire II règne sous le gouvernement de Frédégonde, qui n'inspire que de *l'effroi.*

Dagobert.
628.

Sous le règne de Dagobert, la France put dire : Jamais tant d'ordre et de justice *je n'ai vu.*

Clovis II.
638.

Sous Clovis II, les maires du palais usurpent un pouvoir qu'on n'avait *jamais vu.*

Clotaire III.
656.

Clotaire III monte sur le trône sans qu'il puisse dire : De régner *j'ai l'âge.*

Invasion des Sarrasins.
732.

Charles Martel, à la bataille de Poitiers, délivre la France des Sarrasins, qui envahissaient nos *communes.*

Origine de la féodalité.
735.

Origine de la féodalité, qui bien des haines sur elle finit par *accumuler.*

Décision du pape Zacharie. 751.

Le pape autorise l'usurpation de Pepin-le-Bref par un acte *éclatant*.

Charlemagne, empereur. 800.

Quel chaos Charlemagne, couronné empereur d'Occident, fit *cesser*.

Louis-le-Débonnaire. 814.

Louis Ier, dit le Débonnaire, fut un prince qui ne sut jamais *feindre*.

Charles-le-Chauve. 840.

Charles-le-Chauve ne dut jamais essayer de *se friser*.

Bataille de Fontenay. 841.

A la bataille de Fontenay, cent mille hommes *furent tués*.

Invasion des Normands. 844.

Invasion des Normands, qui laissent partout des traces de leur *fureur*.

Louis-le-Bègue. 877.

Louis-le-Bègue avait coutume de dire : *Vous que, que.*

Louis et Carloman. 879.

Sous le règne de Louis et de Carloman, à ses affaires chacun *vaque en paix*.

Charles-le-Gros. 884.

Charles-le-Gros reçoit la couronne par peur, plutôt que par *faveur*.

Eudes. 888.

Eudes montra une valeur et une habileté, dont toute sa *vie fait foi*.

Charles-le-Simple. 898.

Charles-le-Simple fut ainsi surnommé, sans qu'on puisse dire qu'il *fut bien fou*.

Cession de la Neustrie. 913.

Charles-le-Simple cède la Neustrie aux Normands, dont le chef reçut le *baptême*.

Raoul. 923.	Raoul doit la couronne à son beau-frère Hugues, qui la lui cède *bonnement.*
Louis IV. 936.	Louis IV, dit d'Outremer, ne fut *pas méchant.*
Lothaire. 954.	Le règne de Lothaire ne saurait *plaire.*
Hugues Capet. 986.	A la mort de Louis V, Hugues Capet, d'être élu à sa place ne fut *pas fâché.*
Robert. 996.	Robert à peine monté sur le trône, se voit excommunié par Grégoire V, *pape âgé.*
Henri Ier. 1031.	Henri Ier se fait remarquer par un caractère de *douce amitié.*
Philippe Ier. 1060.	Le règne de Philippe Ier ne fut pas toujours un règne *de sagesse.*
Conquête de l'Angleterre par les Normands. 1066.	La conquête de l'Angleterre par les Normands, nous fait voir que l'humeur conquérante de ce peuple était loin *de se changer.*
Ire croisade. 1096.	La première croisade se prêche au concile de Clermont, en présence d'Urbain II, qui promet à chaque croisé la rémission *de ses péchés.*
Louis VI. 1108.	Louis VI, dit le Gros, accorde à la France l'affranchissement des communes, le plus ardent *de tous ses vœux.*

Louis VII. **1140.**	Louis VII, dit le Jeune, commet plusieurs fautes graves, qui sont contre *toute raison.*
Philippe- **Auguste.** **1180.**	La gloire de Philippe-Auguste a été telle qu'elle n'a jamais eu besoin *de défense.*
Louis VIII. **1223.**	Louis VIII, tu es un lion qui fais trembler *ton ennemi.*
Louis IX. **1226.**	Louis IX conduit le vaisseau de l'état avec autant d'habileté que le meilleur *de nos nochers.*
Philippe III. **1270.**	Philippe III, dit le Hardi, valait mieux que le duc d'Anjou, son *indigne cousin.*
Philippe- **le-Bel.** **1285.**	Philippe IV, dit le Bel, monte sur le trône *digne et vaillant.*
Destruction **de l'ordre des** **Templiers.** **1313.**	La destruction de l'ordre des Templiers fut ordonnée par *deux mandements.*
Louis X. **1314.**	Louis X son surnom de Hutin *démentira.*
Philippe V. **1316.**	L'opposition que rencontre en montant sur le trône Philippe-le-Long, menace de précipiter la France *dans maint danger.*
Charles IV. **1322.**	Charles IV, dit le Bel, fit beaucoup de bien à la France, et cependant quelle estime lui *témoignons-nous ?*

Philippe VI. **1328.**	Philippe VI , dit de Valois , ne fut pas toujours habile *dans mon avis.*
Combat de l'Ecluse. **1340.**	Le fameux combat de l'Ecluse , pour les combats de mer, est peu ca-pable *d'amorcer.*
Bataille de Crécy. **1346.**	La bataille de Crécy dut faire repen-tir Philippe de Valois de sa *démarche.*
Siége de Calais. **1347.**	Le siége de Calais , parmi les plus mémorables , par un fait admirable est digne *de marquer.*
Jean II. **1350.**	Le règne de Jean II , dit le Bon , fut rempli de malheurs et *d'humiliation.*
Bataille de Poitiers. **1356.**	La bataille de Poitiers eût été gagnée s'il y eût eu *dix mille Jean.*
Charles V. **1364.**	Sous le règne de Charles V , dit le Sage , le trésor public ne fut plus abandonné à la foule *des mangeurs.*
La Bourgo-gne , la Nor-mandie, Tou-louse , la Champagne, réunis à la France. **1361.**	La France dit en s'adjoignant la Bourgogne , la Normandie, le Comté de Toulouse et la Champagne : Vous cesserez *de m'agiter.*
Duguesclin. **1365.**	Charles V fit partir, sous la con-duite de Duguesclin, les grandes com-pagnies qui causaient tant *de maux chez lui.*
Démence de Charles VI. **1392.**	En traversant la forêt du Mans , Charles VI devient fou , à la vue *d'hommes pieds nus.*

Bannisse-ment des Juifs. 1394.	Les Juifs sont bannis à perpétuité avec beaucoup *de mépris.*
Jean-sans-Peur. 1404.	Jean-sans-Peur étant devenu duc de Bourgogne, ses sujets ne voyaient en lui rien *de rassurant.*
Bataille d'Azincourt. 1415.	Pour livrer la bataille d'Azincourt, il fallait que les Français eussent la *Tarentule.*
Charles VII. 1422.	Sans Jeanne d'Arc, Charles VII fût-il monté sur le *trône? Non.*
Mort de Jeanne d'Arc. 1431.	Jeanne d'Arc est brûlée à Rouen, sans être secourue par Charles VII qui lui devait le trône sur lequel il *était remonté.*
Armées per-manentes. 1445.	Charles VII établit les armées per-manentes, destinées à protéger le *toit rural.*
Louis XI. 1461.	Louis XI, à peine monté sur le trône, blâme la conduite de son père, dont il commence à *tout rejeter.*
Réunion de la Guienne à la France. 1472.	Réunion de la Guienne à la France, qui plus ne lui *tint rancune.*
Charles VIII. 1483.	Charles VIII ne jouira jamais par-mi les rois de France *d'un rang fameux.*
Louis XII. 1498.	Le règne de Louis XII, surnommé le Père du peuple, fut une suite *d'heureux bienfaits.*

Conquête du Milanais. 1499.
Louis XII s'empare du Milanais sans faire *tort au Pape.*

Conquête de Naples. 1501.
La conquête de Naples fut traitée *d'illicite.*

François Ier. 1515.
François Ier, à peine monté sur le trône, songe à recouvrer le Milanais et toutes les provinces *de l'Italie.*

Mort de Bayard. 1524.
Bayard mourant dit : Je n'ai jamais dévié *de l'honneur.*

Bataille de Pavie. 1525.
François Ier est fait prisonnier à la bataille de Pavie, sans que cela soit capable *de l'annuler.*

Henri II. 1547.
Henri II eût pu faire un meilleur roi, il en avait les *talents requis.*

Abdication de Charles-Quint. 1556.
Charles-Quint abdique et prie un monastère *de le loger.*

François II. 1559.
François II eut à gémir de la conduite de Catherine de Médicis, sa mère, qui venait d'un pays non loin *de Lylibée.*

Charles IX. 1560.
Charles IX n'eut pas pour les protestants assez de *indulgence.*

Foundation des Tuileries. 1564.
Catherine de Médicis pose la première pierre des Tuileries d'où tant de rois *délogèrent.*

St-Barthélemi. 1572.
Ce fut un massacre infâme que celui où l'on *tua les Huguenots.*

Henri III.
1574.

Henri III monte sur un trône d'où le chassèrent les cabales *des ligueurs.*

Assassinat d'Henri III.
1589.

L'assassinat d'Henri III est le fruit d'une de ces imaginations ardentes dont on ne saurait compter *tous les faux pas.*

Entrée d'Henri IV à Paris.
1594.

Entrée d'Henri IV à Paris, dont Mayenne lui laisse l'accés *tout libre.*

Edit de Nantes.
1598.

Henri IV accorde l'édit de Nantes, et un de ses successeurs se croira obligé *de le biffer.*

Expulsion des jésuites.
1594.

Henri IV bannit les jésuites d'après un plan *délibéré.*

Mort d'Henri IV.
1610.

Ravaillac assassine Henri IV qui avait délivré la France de tant *d'agitations.*

Louis XIII.
1610.

Louis XIII règne sous la tutelle de Marie de Médicis, dont l'esprit manquait de quelque chose *de judicieux.*

Réunion du Béarn et de la Navarre à la France.
1620.

Louis XIII, tu vis réunir à la France le Béarn et la Navarre dans *ta jeunesse.*

Richelieu, cardinal.
1622.

Richelieu est nommé cardinal, et échange contre la pourpre romaine son camail *de chanoine.*

Richelieu, ministre.
1626.

Richelieu est nommé premier ministre, et l'état sera sauvé de tout *danger nouveau.*

Académie française. 1635.

Richelieu fonde l'académie française , qui a souvent servi
de chamaillis.

Mort de Sully. 1641.

Mort de Sully qui ne ressemblait
en rien à nos ministres *d'aujourd'hui.*

Louis XIV. 1643.

Avénement au trône de Louis XIV,
en qui on remarquait de grandes
vertus plus *d'un germe.*

L'Alsace réunie à la France. 1648.

Réunion de l'Alsace à la France ,
qui en fut *de joie ravie.*

Mariage de Louis XIV. 1660.

Louis XIV épouse l'Infante d'Espagne , Marie-Thérèse, qu'il avait
déjà choisie.

Canal du Languedoc. 1664.

Illustre Riquet , tu savais que sur
ton fameux ouvrage, le canal du
Languedoc , la postérité *te jugerait.*

Le comtat Venaissin réuni à la France. 1664.

En voyant réunir le comtat Venaissin à la France, *de joie je ris.*

Mort de Turenne. 1675.

Louis XIV pleura la mort de Turenne , et personne n'en fut plus
touché que lui.

Franche-Comté réunie à la France. 1678.

La réunion à la France de la Franche-Comté y mit la joie
dans chaque feu.

Mort de Colbert. 1684.

A la mort de Colbert la barque des
finances en France , fut sur le point
de chavirer.

Révocation de l'édit de Nantes. 1685.

La révocation de l'édit de Nantes chagrina plus *d'un chevalier.*

Hommage de la Lorraine à Louis XIV. 1699.

Hommage de la Lorraine à la France, au milieu de transports *de joie pompeux.*

Guerre de la Succession. 1701.

La guerre de la Succession a lieu par suite d'un testament auquel on ne demandait à personne *de consentir.*

Banque de Law. 1716.

La banque de Law fut le résultat d'un système *tout contagieux.*

Peste de Marseille. 1720.

La peste de Marseille illustre le pieux Belzunce, que *tous connaissent.*

Louis XV. 1715.

Louis XV monte sur le trône, et ne cultive pas plus son esprit que s'il n'avait été doué *d'aucun talent.*

Bataille de Fontenoi. 1745.

A la bataille de Fontenoi, la valeur française fait *tout crouler.*

Expulsion des jésuites. 1764.

Les jésuites sont expulsés de France, où contre eux tant de passions venaient *de conjurer.*

Suppression des parlements. Tribunaux. 1771.

Louis XV supprime les parlements, établit les tribunaux; ce qui fut une sorte *de conquête.*

Louis XVI. 1774.

Avénement au trône de Louis XVI, dont le génie n'est pas celui *d'un conquérant.*

Mort de Jean-Jacques. 1778.

La sépulture de Jean - Jacques Rousseau ne fut embellie
d'aucun convoi.

Indépendance des États-Unis. 1782.

La reconnaissance de l'indépendance des Etats-Unis, n'eut pas lieu sans beaucoup *d'inconvénients.*

États généraux. 1789.

On manqua à son mandat, aux Etats généraux, *dès qu'on fit peu.*

La Constituante. 1790.

L'Assemblée nationale fait place à l'Assemblée constituante sans se
décomposer.

Les 86 départements. 1790.

Pour diviser la France en 86 départements on la *décomposa.*

Assemblée législative. 1791.

Après l'Assemblée constituante, vient l'Assemblée législative, composée de trop *de combattants.*

La Convention. 1792.

La Convention proclame une République où l'anarchie et le désordre vont *de compagnie.*

Mort de Louis XVI. 1793.

La mort de Louis XVI fut pour bien des Français le signal du
décampement.

École polytechnique. 1795.

La Convention décrète la fondation de l'école polytechnique, pour faire dans l'enseignement un changement *tout complet.*

Directoire. 1795.

La Convention nationale fait place au Directoire qui n'offrit jamais rien que *d'incomplet.*

4

Bonaparte en Italie. 1796.	Bonaparte nommé général de l'armée d'Italie, part privé *d'équipage.*
Campagne d'Egypte. 1798.	Campagne d'Egypte, où les Mameloucks au milieu *du combat fuient.*
Conseil des' Cinq-Cents. 1799.	Le conseil des Cinq-Cents refuse d'évacuer la salle, mais à la vue des grenadiers il *décampa bien.*
Bonaparte, premier consul. 1799.	La République nomme Bonaparte premier consul, titre *d'un goût pompeux.*
Concordat. 1801.	Napoléon, premier consul, fait publier le concordat avec le Pape, avec une sorte *de faste.*
Napoléon, empereur. 1804.	La France proclame empereur Napoléon Bonaparte, qui tour à tour fit et *défit cent rois.*
Louis, roi de Hollande. 1806.	Louis Bonaparte est proclamé roi de Hollande, royauté image *d'un vain songe.*
Murat, roi de Naples. 1808.	Murat est proclamé roi de Naples, et a besoin de se tenir sur la *défensive.*
Campagne de Russie. 1812.	Napoléon part pour la campagne de Russie, à la tête d'une armée innombrable qui l'empire du monde lui *devait donner.*
Guerre d'Espagne. 1811.	La guerre d'Espagne était due à une entreprise qu'en bonne conscience, Napoléon ne *devait tenter.*

Batailles de Trafalgar et d'Austerlitz. 1805.	Les batailles de Trafalgar et d'Austerlitz, font voir qu'à la valeur française rien n'est *difficile.*
Bataille d'Iéna. 1806.	La valeur française à Iéna tenait du prodige, et faisait l'effet *d'un vain songe.*
Batailles d'Eylau et d'Ostrolenka. 1807.	Vaincue à Eylau et à Ostrolenka, l'armée russe criblée, ne présente plus que le spectacle *d'un vieux sac.*
Batailles d'Esling et de Wagram. 1809.	Pour effacer l'échec d'Esling, Bonaparte à Wagram son armée *divisa bien.*
Bataille de Leipsick. 1813.	Après la défaite de Leipsick, la puissance de Napoléon n'avait plus que l'air *d'un fantôme.*
Coalition de l'Europe. 1814.	L'Europe se coalise contre Napoléon qui ne peut plus se *défendre.*
Adieux de Fontainebleau. 1814.	Napoléon fait à Fontainebleau ses adieux à son armée et à tant *de vétérans.*
Louis XVIII. 1814.	Louis XVIII monte sur le trône au milieu des armées *des fédérés.*
Retour de l'île d'Elbe. 1814.	Le retour de Napoléon de l'île d'Elbe, ne se fit pas *d'aventure.*
Louis XVIII remonte sur le trône. 1815.	Louis XVIII remonte sur le trône, et jure d'observer la charte, qui garantit à chacun sa liberté *individuelle.*

Mort de Napoléon. 1821.	Napoléon meurt à Ste-Hélène, mémorable leçon de la *divinité.*
Guerre d'Espagne 1823.	La guerre d'Espagne mérite le nom *d'événement.*
Charles X. 1824.	Charles X monte sur le trône sans se douter de ce qu'il allait *devenir.*
Prise d'Alger. 1830.	La gloire de la conquête d'Alger aux yeux du monde *devait mousser.*
Louis-Philippe Ier. 1830.	L'enthousiasme de l'avénement de Louis-Philippe au trône a été court comme le feu *d'un vin mousseux.*

HISTOIRE DE L'ÉGLISE.

Première persécution. 54.	La première persécution contre les chrétiens eut lieu sous Néron, qui en porta *l'arrêt.*
Ruine de Jérusalem. 70.	La ruine de Jérusalem de la dispersion des Juifs sur toute la terre fut la *cause.*
Seconde persécution. 93.	Seconde persécution, sous Domitien, où saint Jean fut mis dans une chaudière d'huile bouillante qui fut pour lui un bain de *baume.*

La foi prêchée dans les Gaules. 95.

.La foi est prêchée dans les Gaules, où elle devient si *belle.*

Troisième persécution. 106.

Troisième persécution, sous Trajan, pendant laquelle meurt saint Ignace, disciple *de saint Jean.*

Quatrième persécution. 166.

Quatrième persécution, sous Marc-Aurèle, dont les proconsuls ne cessaient de condamner à mort les chrétiens, ayant l'air *de juger.*

Cinquième persécution. 202.

La cinquième persécution, sous l'empereur Sévère, lassa-t-elle le courage de *nos saints ? Non.*

Sixième persécution. 235.

Sixième persécution, sous Maximien, qui fit mourir tant de sujets qui n'avaient fait ni crime *ni mal.*

Septième persécution. 249.

Septième persécution, ou l'empereur Dèce ne laisse aux chrétiens ni trève *ni repos.*

Huitième persécution. 257.

Huitième persécution, sous Valérien, où le saint diacre Laurent un grand exemple *nous légua.*

Neuvième persécution. 274.

Neuvième persécution, sous Aurélien, qui avait été favorable aux chrétiens *naguère.*

Dixième persécution. 303.

Sous Dioclétien a lieu la dixième et dernière des persécutions auxquelles Dieu *met sa main.*

Conversion de Constantin. 312.

Constantin voyant le Labarum, s'écrie : J'ouvre les yeux à la lumière qui *m'étonne.*

Invention de la Ste Croix. 326.

La princesse Hélène parvient à découvrir la vraie Croix, que les ravages du temps avaient *ménagée.*

S. Antoine 306.

Saint Antoine a être oublié du monde *met sa joie.*

Arius. 319.

En traitant Arius d'orgueilleux, on ne *médit pas.*

Concile de Nicée. 325.

Les articles du Symbole de Nicée forment sur la foi du Verbe un excellent *manuel.*

Paul-l'Ermite. 343.

Mort de Paul-l'Ermite, qui réfléchissait *mûrement.*

Julien l'Apostat. 367.

L'empereur Julien persécute les chrétiens, et aux plus rudes épreuves *met chacun.*

1er concile général de Constantinople. 381.

Premier concile général de Constantinople, contre Macédonius, homme de peu de génie, *mais futé.*

Donatistes. 411.

Fin du schisme des Donatistes, dont les assemblées étaient *redoutées.*

Pélage. 412.

Hérésie de Pélage, dont le nom sera facilement *retenu.*

Concile d'Ephèse. Nestorius. 431.

Concile général d'Ephèse, où fut condamné Nestorius et sa secte *remuante.*

Concile de Chalcédoine. Eutichès. 451.	Par les décisions du concile général de Chalcédoine, l'hérésie d'Eutichès fut *ralentie.*
Ordres monastiques S. Benoît. 480.	Saint Benoît est le premier fondateur des ordres monastiques, auxquels personne son admiration ne peut *refuser.*
Conversion de l'Angleterre. 596.	Le moine Augustin est envoyé par saint Grégoire-le-Grand en Angleterre pour la convertir, et le roi Ethelbert le favorise loin de *l'empêcher.*
Conversion de Clovis. 494.	Clovis se fait baptiser, et bientôt l'étendard de la croix est partout, en France *arboré.*
Fuite de Mahomet. 622.	Mahomet, pour éviter le désagrément de sa fuite, eût volontiers *jeûné un an.*
Prise de Jérusalem. 614.	La prise de Jérusalem par Chosroès, roi de Perse, beaucoup de malheurs *engendra.*
Monothélites. 681.	Le sixième concile général de Constantinople condamne l'hérésie des Monothélites, par Sergius habilement *échafaudée.*
Progrès des Mahométans. 732.	Charles Martel refoule les Mahométans, qui menaçaient d'envahir nos *communes.*

Iconoclastes. 787. — Second concile général de Nicée, où l'on réfute les erreurs des Iconoclastes par des arguments *convaincants.*

Conversion de la Suède et du Danemark. 829. — Saint Anscaire, religieux de Corbie, convertit à la foi la Suède et le Danemarck, où cette plante du ciel ne se *fana point.*

Conversion de la Russie. 842. — Conversion des Sclaves et des Russes par le missionnaire Constantin, qui ne dut pas éprouver de contradiction de la part des *ivrognes.*

Conversion des Bulgares. 855. — Conversion des Bulgares due à un *vœu loyal.*

Conversion des Normands. 913. — Conversion des Normands, dont le chef Rolland reçoit le *baptême.*

Conversion de l'Allemagne. 923. — Conversion de l'Allemagne par saint Boniface, son apôtre *bien-aimé.*

Conversion de la Hongrie. 1002. — La Hongrie se convertit au christianisme sans que ses missionnaires, il soit question *d'assassiner.*

Hérésie de Bérenger. 1050. — O Bérenger! je te loue de ce que une doctrine condamnée *tu sus laisser.*

Schisme d'Orient. 1053. — Le schisme d'Orient à l'orgueil de Michel Cérulaire *tint seulement.*

Querelle des Investitures. 1075.

Dans la querelle des investitures, il n'y eut rien *d'assez coulant.*

Fondation de la Chartreuse. 1084.

Fondation de l'ordre de la Chartreuse par saint Bruno, homme capable de diriger les plus difficiles *des affaires.*

1re croisade. 1096.

La première croisade est prêchée à Clermont, en présence d'Urbain II, qui promet à chaque croisé la rémission *de ses péchés.*

Ordres militaires Hospitaliers. 1098.

Institution des ordres militaires, dont le premier est celui des Hospitaliers, riche *de ses bienfaits.*

Ordre des Prémontrés. 1120.

Saint Norbert fonde l'ordre des Prémontrés, où se réfugièrent tant d'hommes pour qui, dans le monde, *tout est nausée.*

Ordre de Cîteaux. 1110.

Fondation de l'ordre célèbre de Cîteaux, où se sont fondés *tant de desseins.*

2e croisade. 1146.

Seconde croisade, où le défaut de discipline vint *tout déranger.*

Ordre des Trinitaires. 1160.

L'institution de l'ordre des Trinitaires par Jean de Matha, fait voir que la religion pense à *toute chose.*

3e croisade. 1190.

La troisième croisade sur un intérêt de compassion fut *toute basée.*

4.

4e croisade.
Prise
de Constan-
tinople.
1195.

Quatrième roisade, toute composée de seigneurs français, qui
s'emparent de Constantinople
tout d'emblée.

Frères
Mineurs.
1204.

Fondation par saint François d'As-
sise de l'ordre des Frères Mineurs
toujours si respectés *de nos sires.*

Frères
Prêcheurs.
1216.

Saint Dominique institue l'ordre
des Frères Prêcheurs dont l'élo-
quence est si capable *de nous toucher.*

5e croisade.
1248.

Dans le zèle de saint Louis à entre-
prendre la cinquième croisade
tout nous ravit.

6e croisade.
1270.

La sixième croisade n'eut pas des
résultats assez grands pour nous con-
soler de la mort de saint Louis, qu'elle
venait *de nous causer.*

1re réunion
des Grecs.
1274.

La première réunion des Grecs
opérée au second concile de Lyon,
n'a *tenu guère.*

Schisme
d'Occident.
1378.

Lors du schisme d'Occident, on
eut beaucoup à gémir
des maux qu'on vit.

Fin
du schisme
d'Occident.
1414.

Pour terminer le schisme d'Occident au concile de Bâle, à aucun
des trois Papes la démission n'aurait
dû *être dure.*

Prise de Constantinople par Mahomet II. 1453.

La prise de Constantinople par Mahomet II, n'eût jamais eu lieu, s'il y avait eu un homme capable de donner le signe *du ralliement.*

Ordre des Minimes. 1507.

Saint François de Paule fonde l'ordre des Minimes, admirable par son humilité dont il renferme *tout le suc.*

Hérésie de Luther. 1517.

Hérésie de Luther, qui de toute passion *ôta les digues.*

Calvin. 1536.

Calvin rejette la présence réelle, parce que, disait-il, il était indigne de Jésus-Christ *de le manger.*

Schisme d'Angleterre. 1533.

En opérant le grand schisme d'Angleterre, Henri VIII se montra trop amateur *de lui-même.*

François-Xavier. 1541.

François-Xavier va convertir les Indes, et rien n'est capable *de l'arrêter.*

Concile de Trente. 1545.

Le concile de Trente mérite d'être *tout lu et relu.*

Bayus. 1567.

Les erreurs de Bayus sont condamnées par l'Eglise, et bien capables *de la choquer.*

Jansénius. 1630.

Jansénius répand des erreurs par Bayus *déjà émises.*

Ordre de l'Oratoire. 1613.

Le cardinal de Bérulle, établit en France l'ordre des Oratoriens qui combla bien des personnes

d'enchantement.

Le père Riccin en Chine. 1600.

Le père Riccin, jésuite, porte le christianisme dans la Chine, obtient les bonnes grâces de l'empereur, et par sa science *touche ses sens.*

Encyclopédie. 1751.

Publication de l'Encyclopédie, dont tout le mérite scientifique fut d'inspirer le mépris *des calotins.*

Les jésuites expulsés de France. 1762.

Les jésuites sont bannis de France, parce que la philosophie craignait leur voix comme celle d'un

dogue enchaîné.

Clément XIV supprime l'ordre des jésuites. 1773.

Clément XIV, en supprimant l'ordre des jésuites, ne fut en

tout qu'un commis.

Constitution civile du clergé. 1792.

Les ecclésiastiques français refusent de signer la constitution civile du clergé, qui avec le schisme allait

de compagnie.

Concordat avec la France. 1801.

Après le concordat entre le Pape et le premier consul de France, sont aussitôt ouvertes les églises qui avaient été *dévastées.*

Évêché d'Alger. 1838.

Le nouvel évêché d'Alger est un heureux présage *devant ma foi.*

HISTOIRE
DE L'EMPIRE ROMAIN.

Incendie de Rome. 61. Néron incendie Rome, et le soupçon de ce crime sur les chrétiens fait *jeter.*

Titus prend Jérusalem. 71. Titus s'empare de Jérusalem, et voit brûler ce temple qui avait tant *coûté.*

Domitien. 93. Domitien persécute les chrétiens, fait jeter l'apôtre saint Jean dans une chaudière d'huile bouillante, qui devint pour lui comme un bain de *baume.*

Trajan. 106. Trajan devient persécuteur des chrétiens, et fait mourir saint Ignace disciple *de saint Jean.*

Marc-Aurèle. 166. Quatrième persécution des chrétiens sous Marc-Aurèle, dont les proconsuls faisaient égorger tant de victimes sous prétexte *de juger.*

Sévère. 202. La cinquième persécution sous l'empereur Sévère, découragea-t-elle *nos saints? Non.*

Maximien. 235.	Sixième persécution, sous Maximien, qui fit mourir tant de sujets qui n'avaient fait ni crime *ni mal.*
Dèce. 249.	Septième persécution, où l'empereur Dèce ne laisse aux chrétiens ni trève *ni repos.*
Valérien. 257.	Huitième persécution, sous Valérien, où le diacre saint Laurent un grand exemple *nous légua.*
Aurélien. 274.	Neuvième persécution, sous Aurélien, qui avait été favorable aux chrétiens *naguère.*
Dioclétien. 303.	Sous Dioclétien a lieu la **dixième** des persécutions auxquelles Dieu *met sa main.*
Constantin. 312.	Constantin voyant le fameux Labarum, s'écrie : J'ouvre les yeux à la lumière qui *m'étonne.*
Siége de l'empire à Constantinople. 329.	Constantin fixe le siége de l'empire à Constantinople, qu'il **veut** rendre la rivale de Rome, *mais ne peut.*
Julien. 367.	L'empereur Julien persécute encore les chrétiens, et aux plus rudes épreuves *met chacun.*
Partage de l'empire romain. 395.	Le partage de l'empire romain en deux, celui d'Orient et celui d'Occident, ne laisse plus apercevoir qu'une couronne *mobile.*

Pillage de Rome. 409.	Alaric s'empare de Rome, la livre au pillage, mais ne la *rase pas.*
Fin de l'empire romain. 476.	Odoacre, roi des Hérules, met fin à l'empire romain par un fameux *ricochet.*
Royaume lombard. 552.	Les rois lombards succèdent en Italie aux Ostrogoths, dont ils détruisent *la lignée.*
Fin du royaume lombard. 774.	Fin du royaume des Lombards, à la déchéance de Didier, qui n'était pas un *quaker.*

HISTOIRE

DE L'EMPIRE D'ORIENT.

Arcadius. 408.	Arcadius peut être regardé comme le premier de ces nombreux empereurs d'Orient, dont guère personne ne se *ressouvient.*
Exarchat de Ravenne. 568.	L'exarchat de Ravenne est établi en Italie, pour y maintenir l'autorité des empereurs d'Orient, mais les Barbares *l'achevaient.*
Prise de Constantinople par les Français. 1204.	Les Français s'emparent de Constantinople, y établissent roi Baudouin, comte de Flandres, à qui on peut prédire : Long-temps roi *tu ne seras.*

Michel Paléologue. 1261.	Michel Paléologue reprend Constantinople sur les Français, et détruit leur empire qui avait eu l'air *d'une joûte.*
Première apparition. des Turcs. 766.	Première apparition des Turcs, venus du Turkestan en Tartarie, qui ne demandaient *qu'à changer.*
Fondation de l'empire ottoman. 1300.	Othman fonde l'empire ottoman à Brousse, et délivre l'Asie *de maint souci.*
Fin de l'empire d'Orient. 1481.	Mahomet II détruit l'empire grec et celui des Sarrasins, s'empare de Constantinople, et de gloire paraît *tout revêtu.*

HISTOIRE

DE L'EMPIRE TURC.

Fondation de l'empire turc. 1481.	Mahomet II détruit l'empire grec et celui des Sarrasins, s'empare de Constantinople, et de gloire paraît *tout revêtu.*
Conquête de la Syrie et de l'Égypte. 1517.	La Syrie et l'Egypte passent à la Turquie, et sont soumises au brutal empire *de la dague.*
Guerre contre les Vénitiens. 1570.	La guerre que Selim II déclare aux Vénitiens, de terribles échecs ne manqua pas *de lui causer.*

HISTOIRE D'ESPAGNE

ET DE

PORTUGAL.

Premiers habitants de l'Espagne. 1579.	UNE colonie de Gaulois va s'établir en Espagne dans la Galice, et ne cesse *de l'occuper.*
Les Romains succèdent aux Carthaginois. 200.	Les Carthaginois perdent l'Espagne qui dès lors, pendant longtemps, d'appartenir aux Romains *ne cessa.*
Les Visigoths aux Romains. 404.	Honorius cède l'Espagne aux Visigoths, tant il était loin d'être contre eux *rassuré.*
Récarède. 586.	Récarède fut un de ces bons rois, dont tout le monde respecte *l'effigie.*
Pélage. 718.	Pélage devient le premier roi de Léon et des Asturies, en combattant contre la nation des Maures qui sur ses forces *compte en vain.*
Invasion. des Maures. 701.	Invasion des Maures qui en voulaient beaucoup aux *cassettes.*
Conquête de l'ile deCrète. 823.	Les Sarrasins d'Espagne s'emparent de l'ile de Crète *finement.*

Royaume de Navarre. 857.
Fondation du royaume de Navarre, où l'on ne trouve pas de *Foulques.*

Royaume de Léon. 914.
Fondation du royaume de Léon, dont le nom seul fait souvenir qu'on sait *s'y battre.*

Sarrasins chassés. 1025.
Les Arabes ou Sarrasins de l'Espagne, sont obligés *de s'en aller.*

Royaume de Castille. 1033.
Erection du royaume de Castille par Ferdinand Ier, qui acquit assez de gloire pour être content *de soi-même.*

Royaume d'Aragon. 1063.
Ramire, premier roi d'Aragon, a dans son histoire peu de faits qui nous mettent au courant *de son chemin.*

Monarchie espagnole. 1474.
L'Espagne se constitue vraiment par le mariage de Ferdinand V, roi de Castille, avec Isabelle d'Aragon, et voit finir ces petits royaumes, qui n'avaient encore *duré guère.*

Les Maures entièrement chassés. 1610.
Les Maures sont expulsés d'Espagne, où tous leur tombaient *déjà dessus.*

Règne de la maison d'Autriche. 1506.
Quand Philippe Ier, archiduc d'Autriche, monta sur le trône d'Espagne, il l'avait si peu souhaité, qu'il était loin *de le songer.*

Abdication de Charles-Quint. 1556.
Charles-Quint abdique la couronne, et trouve qu'un couvent est digne *de le loger.*

Branche des Bourbons. 1700.

Avénement au trône d'Espagne
de Philippe V, qui dans un mortel
dégoût s'usait.

Guerre de la Succession. 1701.

La guerre de la Succession a lieu
par suite d'un testament auquel on
ne demandait à personne *de consentir.*

Abdication de Charles IV. 1808.

Abdication forcée de Charles IV,
extorquée par un homme accou-
tumé à tout voir plier *devant sa voix.*

Ferdinand VII. 1814.

Ferdinand VII monte sur le trône
d'Espagne, où, ce semble, tous se
devaient taire.

Intervention de la France. 1818.

Les Français interviennent en
Espagne, où tout *devient en feu.*

Conquête du Portugal. 1094.

Conquête du Portugal sur les
Maures, par Henri de France, petit-
fils de Robert, du côté *de son père.*

Royaume du Portugal. 1149.

Erection du royaume de Portugal, qui quelque agrément à l'Espagne *dut dérober.*

L'Espagne s'en empare. 1621.

Philippe II, roi d'Espagne, s'empare du Portugal, qui guère heureux
déjà n'était.

Révolte du Portugal contre l'Espagne. 1656.

Le Portugal se révolte contre
l'Espagne, et proclame roi Jean de
Bragance, dont il avait fait
déjà le choix.

Révolte du Brésil. 1817.

Le Brésil se sépare du Portugal
par suite *d'un vain dégoût.*

HISTOIRE D'ANGLETERRE.

Rois en Écosse. 124.	Les Ecossais ont déjà leurs rois, lorsque les Romains, maîtres de l'Angleterre, sont obligés de faire un mur de trente lieues pour les *tenir*.
Fin de la domination romaine. 420.	Guerres des Pictes contre les Bretons, qui font qu'à ce pays les Romains vont *renoncer*.
Conversion de l'Angleterre à la foi. 596.	Le moine Augustin va prêcher la foi en Angleterre, et le roi Ethelbert le favorise loin de *l'empêcher*.
Egbert-le-Grand. 834.	Egbert-le-Grand règne seul sur toute l'Angleterre, et devient *fameux roi*.
Canut-le-Grand. 1037.	Canut-le-Grand, roi de Danemarck, s'empare de l'Angleterre, et de toutes ses forces a l'air *de se moquer*.
Conquête de l'Angleterre par les Normands. 1087.	Conquête de l'Angleterre par Guillaume-le-Conquérant, qui ne gagne pas l'affection *de ses vaincus*.
Schisme d'Angleterre. 1533.	Henri VIII, auteur du schisme d'Angleterre, devient ennemi *de lui-même*.

Elisabeth.
1559.

Elisabeth monte sur le trône , et donne souvent *dans les lubies.*

Mort de Marie Stuart. 1587.

Sublime et infortunée Marie Stuart, ta patrie fut ingrate pour toi, mais par ta mort *tu l'as vaincue.*

Réunion de l'Ecosse à l'Angleterre. 1603.

Réunion de l'Ecosse à l'Angleterre , qui tout le continent s'était *déjà soumis.*

Guerre civile. 1642.

La guerre civile d'Angleterre n'était pas une simple guerre *de journaux.*

Olivier Cromwel. 1643.

Olivier Cromwel était d'un caractère à opérer les plus cruels *déchirements.*

Mort de Charles Ier. 1649.

Par la mort de Charles Ier , la monarchie anglaise semble *déjà rompue.*

Révolution d'Angleterre. 1688.

Il se fait une révolution en Angleterre , parce que les esprits avaient *déjà fait feu.*

Mort de Jacques II. 1701.

Jacques II meurt en France pour les grandeurs humaines plein d'un *dégoût senti.*

Réunion de l'Irlande à l'Angleterre. 1172.

Henri II s'empare de l'Irlande, la joint à l'Angleterre, qui lui fera plus tard souffrir une persécution *tout inconnue.*

Envahisse- ment de l'Indostan. 1707.	Les Anglais envahissent l'Indos- tan, et à leur système se montrent *tout conséquents.*
Indépen- dance des Etats-Unis. 1782.	La reconnaissance de l'indépen- dance des Etats-Unis, n'a pas lieu sans que l'Angleterre y voie beau- coup *d'inconvénients.*

HISTOIRE

DE LA PERSE MODERNE.

Les Sarrasins s'emparent de la Perse. 651.	Les Arabes ou Sarrasins s'empa- rent de la Perse, et en traitent les habitants comme des *gilotins.*
Aboussaïd. 1365.	Aboussaïd, dernier kan gengis- kanide de Perse, meurt et laisse plusieurs voisins *demi-jaloux.*
Conquête de la Perse par les Tartares. 1370.	La conquête de la Perse par les Tartares, sous la conduite de Ta- merlan, par la religion de Mahomet fut *dûment causée.*
Sophi. 1501.	Les Tartares sont chassés par Ismaël Sophi, devenu fameux *dans la suite.*

Thamas-Kouli-Kan. 1736.

Thamas-Kouli-Kan devient roi de simple berger, condition où il n'avait pas *de quoi manger.*

Il est assassiné. 1747.

Thamas-Kouli-Kan tombe assassiné dans sa tente par la main *d'un croquant.*

HISTOIRE

DE LA NAVARRE.

La Navarre soumise à Charlemagne. 778.

La Navarre est soumise à Charlemagne *quoique vieux.*

Elle secoue le joug. 831.

La Navarre secoue le joug de la France, sous Louis-le-Débonnaire, par suite de mécontentements *fomentés.*

Elle est érigée en royaume. 857.

Fondation du royaume de Navarre, où l'on ne trouve pas de *Foulques.*

Elle passe au comte de Champagne. 1234.

Blanche, sœur de Sanche, dernier roi de Navarre, mort sans enfants, porte au comte de Champagne la Navarre comme dot *d'une mère.*

Revient à la France. 1285.

La Navarre revient à la France sous Philippe-le-Bel, qui monte sur le trône *digne et vaillant.*

La moitié passe à l'Espagne. 1513.	Ferdinand, roi d'Aragon, enlève la moitié de la Navarre, et depuis l'Espagne n'a cessé *de la dîmer.*
Le Béarn et la Navarre réunis à la France. 1620.	Louis XIII, tu vis réunir à la France, pour toujours, le Béarn et la Navarre dans *ta jeunesse.*

HISTOIRE

L'EMPIRE D'ALLEMAGNE.

Fondation de l'empire d'Allemagne. 800.	FONDATION de l'empire d'Allemagne par Charlemagne, qui un grand chaos *fit cesser.*
La couronne devient élective. 911.	La branche de Charlemagne cesse de régner en Allemagne, lorsque ce pays veut rendre élective la couronne de ses *potentats.*
Othon réunit l'Italie à l'Allemagne. 961.	Othon-le-Grand réunit à l'Allemagne l'Italie, qu'il met adroitement dans sa *pochette.*
Rodolphe de Hapsbourg, maison d'Autriche. 1273.	Rodolphe de Hapsbourg est élu empereur, et c'est lui qui est la souche de la maison d'Autriche, qui certes n'est pas *d'un nom commun.*

La Prusse érigée en Royaume. 1700.	L'empereur d'Allemagne reconnaît la Prusse comme royaume, pour n'avoir plus à s'occuper de ce côté *d'aucun souci.*
Avénement de la maison de Lorraine. 1745.	La maison de Lorraine occupe le trône impérial dans un moment *de querelle.*
Léopold I. 1683.	Léopold Ier voit battre les Turcs sous les murs de Vienne par le brave Jean Sobieski, *déjà fameux.*
Léopold II. 1790.	Léopold II avec les Turcs est obligé *de composer.*
François II. 1792.	François II, dernier empereur d'Allemagne, a vu finir cet empire que les regrets n'ont pas manqué *d'accompagner.*
Fin de l'empire d'Allemagne. 1806.	Fin de l'empire d'Allemagne, qui ne paraît plus que l'illusion *d'un vain songe.*

HISTOIRE DU ROYAUME

DES DEUX SICILES.

Invasion des Goths. 408.	Les Goths s'emparent du pays de Naples, qui avec peine les *recevait.*

5

Invasion des Sarrasins en Sicile. 828.

Les Sarrasins d'Afrique s'emparent de la Sicile par de *fines voies.*

Les Sarrasins maîtres de la Pouille et de la Calabre. 829.

Les Sarrasins font la conquête de la Pouille et de la Calabre, et de quelques années leur domination ne *finit pas.*

Les Grecs maîtres de Naples. 840.

Les empereurs grecs s'emparent peu à peu de tout le pays de Naples, occupé en partie par les *Français.*

Invasion des Normands. 564.

Le pays de Naples est envahi par les Normands, qui peu de temps *le jouiront.*

Les Normands encore maîtres de la Calabre. 1111.

Les Sarrasins sont chassés de la Pouille et de la Calabre par les Normands capables *de tout tenter.*

Roger II. 1129.

Roger II., roi de Sicile, s'empare de Naples, qui se défendre sans *doute ne peut.*

Naples aux Allemands. 1186.

Le royaume de Naples passe aux empereurs d'Allemagne, sans en être *de tout fâché.*

Charles d'Anjou, roi. 1266.

Charles d'Anjou, en celui de tyran, je vois en Sicile *ton nom changé.*

Vêpres Siciliennes. 1282.

Le massacre des Vêpres Siciliennes s'étendit jusqu'à la haine *des nouveaux nés.*

Alphonse,
roi
d'Aragon.
1458.

Alphonse, roi d'Aragon, s'empare
du royaume de Naples qu'il essaie
de relever.

Naples
aux
Français.
1501.

La manière dont Ferdinand-le-Ca-
tholique livre Naples aux Français,
pourrait être taxée *d'illicite.*

Naples
à l'Espagne.
1503.

Les Français laissent enfin Naples
à la maison d'Aragon, qui lui procure un peu de *délassement.*

Murat, roi.
1808.

Murat est proclamé roi de Naples,
qui n'avait pu se tenir assez sur la
défensive.

Mort
de Murat.
1815.

, Exécution de Murat, qui n'eut
pas même le mérite, à l'égard de Na-
poléon, *d'un fidèle.*

HISTOIRE DU ROYAUME

DE SARDAIGNE.

Sardaigne
érigée en
royaume.
1164.

La Sardaigne est érigée en
royaume, à une époque où c'était à
qui mieux de tout grand état se
détacherait.

Bertold,
comte de
Maurienne.
995.

Bertold est fait comte de Maurienne par Othon III, à cause de
son amour pour son *peuple.*

Amédée III, 1er comte de Savoie. 1108.

Amédée III est fait premier comte de *toute Savoie.*

Savoie érigée en duché. 1416.

L'empereur Sigismond érige en duché le comté de Savoie, qui depuis long-temps *durait déjà.*

La Sicile passe à la Savoie. 1713.

Philippe V, roi d'Espagne, cède la Sicile à Victor Amédée, duc de Savoie, qui fut bien aise de s'agrandir, comme *de coutume.*

La Sardaigne passe à la Savoie. 1718.

Victor Amédée échange la Sicile contre la Sardaigne avec l'empereur Charles VI, marché qu'il ne cessait *d'activer.*

La Savoie passe à la France. 1792.

Victor Amédée est obligé de céder la Savoie à la France, parce qu'il ne peut avec elle aller *de compagnie.*

Victor Emmanuel recouvre ses états. 1815.

Victor Emmanuel rentre dans ses états, où il ne trouve parmi ses sujets que *des fidèles.*

HISTOIRE DES ROYAUMES

DE

JÉRUSALEM ET DE CHYPRE.

Premier roi de Jérusalem. 1098. — GODEFROI de Bouillon est élu roi de Jérusalem, à cause *de ses beaux faits.*

Fin de ce royaume. 1187. — Saladin, sultan d'Egypte, attaque Gui de Lusignan, et la domination française fut à la bataille de Tibériade *toute vaincue.*

Les Français chassés de la Syrie. 1291. — Mélec-Araf, sultan d'Egypte, se rend maître de Saint-Jean-d'Acre, et les Français ne possèdent plus en Syrie la place *d'une botte.*

Premier roi de Chypre. 1192. — Richard donne à Gui de Lusignan, chassé de Jérusalem, le royaume de Chypre, comme consolation de *tant de peines.*

Fin de ce royaume. 1489. — Catherine Cornaro cède son royaume aux Vénitiens qui le *trouvent bon.*

Les Turcs s'emparent de Chypre. 1571. — Les Turcs s'emparent de l'île de Chypre, dont les habitants étaient loin *de les goûter.*

Malte est donnée aux chevaliers de ce nom. 1525.

Charles-Quint fait présent aux chevaliers de Saint-Jean de Jérusalem, du rocher de Malte, bon à rien, car *tout l'annulait.*

Les chevaliers de St-Jean à Chypre. 1310.

Jean de Lusignan établit en Chypre les chevaliers de Saint-Jean de Jérusalem, et leur en donne quelques *demi-toises.*

Les religieux de St-Jean chassés de Rhodes. 1522.

L'empereur Soliman s'empare de Rhodes, dont il chasse les religieux de Saint-Jean de Jérusalem, *tant le nom nuit.*

Siége de la Valette. 1565.

Le grand maître de la Valette soutient, à Malte, un fameux siége contre les Turcs, qui est capable de rendre tous les guerriers *de lui jaloux.*

HISTOIRE

DE LA POLOGNE.

Les Esclavons en Pologne. 196.

Les Esclavons chassent de la Pologne, les Suèves et les Goths, qui étaient aussi de fameux *rabat-joie.*

Premier duc de Pologne. 550.

Le premier duc de Pologne est Lescko, qui meurt, et sans postérité *la laisse.*

Fondation de Cracovie. 700.

Cracus, second duc de Pologne, fonde Cracovie, témoin de tant de divisions *qui ont cessé.*

Boleslas, premier roi. 999.

L'empereur Othon III donne à Boleslas le titre de roi de Pologne, titre confirmé plus tard par un *bon pape.*

Premier démembrement de la Pologne. 1773.

Le premier démembrement de la Pologne, fut tout *d'un coup commis.*

Partage de la Pologne. 1795.

La Pologne est détruite et partagée entre trois puissances voisines, parce que les germes de division y avaient *décuplé.*

Rétablissement de la Pologne. 1815.

Par le traité de Vienne, un simulacre de Pologne est rétabli, mais elle a le terrible Czar *devant elle.*

HISTOIRE DE PRUSSE.

Origine de la Prusse. 1283.

La Prusse est subjuguée par les Teutons, *d'un nom fameux.*

La Prusse érigée en duché. 1525.

Albert de Brandebourg est nommé duc de la Prusse ducale, pendant que le schisme de Luther menaçait *de l'annuler.*

La Prusse érigée en royaume. 1701.	Frédéric Ier reçoit le titre de roi de Prusse, que l'empereur Léopold venait *de concéder.*
Prospérité de la Prusse. 1740.	La Prusse doit sa splendeur à Charles Frédéric, que les puissances de l'Europe avaient essayé *d'écraser.*

HISTOIRE DE LA BOHÊME,

DE LA

HONGRIE ET DE L'AUTRICHE.

Origine de la Bohême. 590.	La Bohême est d'abord habitée par les Boyens venus des Gaules sous Sigovèse, et conduits par *l'ambition.*
Invasion des Marcomans. 590.	La Bohême est envahie par les Marcomans et les Esclavons venus là, parce que l'esprit d'envahissement *les poussait.*
Invasion des Cimmériens. 550.	Zecco vient du Bosphore Cimmérien, à la tête d'une puissante armée, entre en Bohême, et en mourant toute civilisée *la laissa.*

Prémislas. 632.

Prémislas qui de simple laboureur était devenu prince de Bohême, par sa vertu et sa sagesse, dans la route du bonheur avait ainsi *cheminé.*

La Bohême érigée en royaume. 061.

Uratislas, premier roi de Bohême, dut à l'empereur Henri IV les honneurs dont il jouit *dans ses châteaux.*

La couronne devient héréditaire. 1648.

La couronne de Bohême, au choix de l'empereur d'Allemagne, en cas de vacance, devient héréditaire dans la maison d'Autriche qui l'avait depuis long-temps *déjà rêvé.*

Origine des Hongrois. 550.

Les Hongres ou Huns, venus d'au delà du Volga, s'emparent de la Pannonie sur les enfants d'Attila, et le nom de Hongrie *lui ont laissé.*

S. Etienne. 997.

Saint Etienne, second roi de Hongrie, a laissé dans ce pays l'odeur d'un *bon bouquet.*

Hongrie réunie à l'Autriche. 1540.

La Hongrie est réunie à l'Autriche à la mort de Ferdinand Ier, frère de Charles-Quint, et ce ne fut pas par l'effet *de la ruse.*

L'Autriche érigée en duché. 1156.

L'Autriche est érigée en duché, et en ressent *toute la joie.*

Marie-Thérèse. 1740.

Marie-Thérèse parvient au trône, mais on ne l'a pas gâtée *de caresses.*

5.

L'Autriche érigée en empire. 1806.

L'archiduc d'Autriche , devient empereur d'Autriche à l'extinction de l'empire d'Allemagne, qui ne paraît plus que l'illusion *d'un vain songe.*

Royaume de Bavière. 1806.

Erection du royaume de Bavière, lorsque finit l'empire d'Allemagne, qui ne nous paraît plus que l'illusion *d'un vain songe.*

Royaume de Saxe. 1806.

Erection du royaume de Saxe, lorsque finit l'empire d'Allemagne, qui ne nous paraît plus que l'illusion *d'un vain songe.*

Royaume de Hanôvre. 1815.

Erection du royaume de Hanôvre, qui au roi d'Angleterre *devait aller.*

Royaume de Wurtemberg. 1806.

Erection du royaume de Wurtemberg , lorsque finit l'empire d'Allemagne , qui ne nous paraît plus que l'illusion *d'un vain songe.*

Confédération Germanique. 1806.

Etablissement de la Confédération Germanique à la fin de l'empire d'Allemagne, qui ne nous paraît plus que l'illusion *d'un vain songe.*

HISTOIRE DE LA SUÈDE,

DE LA

NORVÈGE ET DU DANEMARCK.

Eric V, roi de Suède. 719.

ERIC V, premier roi connu de Suède, est un de ces rois sur lesquels l'histoire *conte peu.*

Gustave Wasa. 1560.

Gustave Wasa monte sur le trône de Suède, et règne sur un peuple qui venait *de le choisir.*

Gustave III. 1772.

Gustave III fait une révolution heureuse, en profitant adroitement *d'un goût connu.*

Suède et Norvège réunies. 1815.

La Suède est réunie à la Norvège, où tôt ou tard elle *devait aller.*

Origine des Danois. 109.

Les Cimbres, premiers habitants du Danemarck, font leur première irruption en Italie, avides *de ses biens.*

Irruption des Danois en Angleterre. 600.

Les Danois font plusieurs irruptions en Angleterre ou en Ecosse, que pour le lieu de leur conquête ils *choisissaient.*

Réunion de la Suède, de la Norvège et du Danemarck. 1438.	Marguerite, reine de Danemarck, y ayant réuni la Norvège et la Suède, fit proclamer roi des trois royaumes réunis Eric XIII, son neveu, qui n'eut rien *d'un roi mauvais.*
Révolte de la Suède. 1520.	Christiern II, roi de Danemarck, traitant durement les Suédois, ils se révoltent et se vengent *de la noise.*
Couronne élective en Danemarck. 1660.	La couronne est rendue héréditaire en Danemarck, où le pouvoir oligarchique a *déjà cessé.*
Mort de Charles XII. 1718.	A la mort de Charles XII, la Suède de la royauté se *dégoûte en vain.*

HISTOIRE DE RUSSIE.

Première époque connue. 987.	Sous Weladomir que l'on nomme l'Apôtre et le Salomon de la Russie, on n'y faisait encore que *bivouaquer.*
La Russie s'affranchit des Tartares. 1474.	Jean Basilide affranchit la Russie du joug des Tartares, et a mérité la réputation *d'un roi guerrier.*
Pierre-le-Grand. 1696.	Pierre-le-Grand élève la Russie à un tel degré de puissance, que rien n'est capable de la faire *déjà bouger.*

Catherine II.
1762.

Catherine II beaucoup de génie
aux avantages *du goût joignit.*

HISTOIRE DE VENISE.

Fondation
de Venise.
515.

La fondation de Venise remonte
à l'époque où les Huns ravageaient
l'Italie.

Grande
puissance
des doges.
900.

Les premiers ducs ou doges de
Venise, s'arrogèrent trop de pouvoir, et le peuple ne respectèrent
pas assez.

Elle est
limitée.
1172.

Le sénat diminue l'autorité du
doge par l'adjonction d'un conseil,
dont son administration devait être
toute connue.

Venise
aux
Français.
1797.

Les Français s'emparent de Venise, la cèdent à l'Autriche, et
cela a *de quoi piquer.*

Au royaume
d'Italie.
1805.

Venise réunie au royaume d'Italie
eut à gémir de son rôle *de vassale.*

Venise
à l'Autriche.
1814.

Venise est de nouveau dévolue à
l'Autriche, et son antique gloire a
fini avec la rapidité *d'un foudre.*

HISTOIRE

DE LA

RÉPUBLIQUE DE GÊNES.

Destruction de Gênes par Annibal. 218.

Annibal détruit Gênes; mais sa puissance n'en fut ni anéantie
ni étouffée.

Gênes prise par les Goths. 400.

Gênes est prise par les Goths, que rien ne pouvait *rassasier.*

Gênes conquise par les Lombards. 563.

Gênes est conquise par les Lombards, qui ne combattaient pas *lâchement.*

Gênes prise par Charlemagne. 774.

Gênes est prise par Charlemagne, qui savait *conquérir.*

Gênes prise par les Sarrasins. 920.

Gênes est prise par les Sarrasins, parce que le ciel la *punissait.*

André Doria. 1528.

André Doria devient le sauveur et le grand législateur de Gênes, qui jamais assez l'éloge
de lui n'a fait.

République ligurienne. 1798. La république de Gênes devient république ligurienne ; mais en changeant de constitution, elle n'est plus capable *d'aucun beau fait.*

Elle est réunie à la France. 1805. La république ligurienne pour se réunir à la France ne se montre pas *difficile.*

Elle est réunie à la Sardaigne. 1815. Gênes est réunie à la Sardaigne qui la trouvait trop bien placée *devant elle.*

HISTOIRE DE LA HOLLANDE

ET DE

LA BELGIQUE.

Hollande conquise par Charlemagne. 771. La Hollande fut conquise par Charlemagne, qui savait faire des *conquêtes.*

Elle se soustrait au joug de l'Espagne. 1581. La Hollande se soustrait au joug des Espagnols poussée par le protestantisme, et elle ne cessait *de le vanter.*

Son indépendance est reconnue. 1648. Par le traité de paix de Munster, on reconnaît comme état libre la Hollande, de sa révolution *déjà ravie.*

Création du stathoudérat. 1747.	La Hollande crée le stathoudérat, parce que les Français la menaçaient *de croquer.*
République batave. 1795.	On forme la république batave de la Hollande que ses défaites venaient *d'accabler.*
Elle est réunie à la France. 1810.	La Hollande est soumise à la France par cette main de fer qui toute l'Europe *devait toiser.*
Royaume des Pays-Bas. 1814.	La Hollande est érigée en royaume sous le nom de Pays-Bas, et ne rêve plus *d'aventures.*
Royaume de Belgique. 1830.	La Belgique, pour se séparer de la Hollande, fait une révolution qui ne sera jamais au nombre *des fameuses.*

HISTOIRE DE LA SUISSE.

Première Confédération suisse. 1307.	La première confédération de la Suisse a pour prétexte la dureté des gouverneurs de l'Autriche, qu'il fallait, disait-on, *démasquer.*
République de Genève. 1526.	La république de Genève se détache de la Savoie et s'unit à la Suisse qui dans sa Confédération est bien aise *de la nicher.*

Genève réunie à la France. 1798.

Genève est réunie à la France qui ne l'honore *d'aucun bienfait.*

Bataille de Mortgat. 1315.

La valeur suisse, à la fameuse bataille de Mortgat contre les Autrichiens, est digne de servir *de modèle.*

République du Valais. 1798.

Le Valais se déclare en république, et n'a donné l'exemple *d'aucun beau fait.*

Il est réuni à la France. 1810.

Le Valais est réuni à la France par ce bras puissant, qui toute l'Europe *devait toiser.*

République de Neuchâtel. 1814.

La principauté de Neuchâtel pour se réunir aux autres cantons suisses, se soustrait à la Prusse qui ne peut se *défendre.*

HISTOIRE

DES ÉTATS DE TOSCANE.

Premier duc de Florence. 1530.

CÔME Ier de Médicis, premier duc de Florence, fut un de ces princes illustres qui, pour gouverner leurs sujets, ne se servent pas *de la massue.*

La maison de Lorraine succède à la maison de Médicis. 1737.

La maison de Lorraine succéda en Toscane à la maison de Médicis, quand celle-ci d'un *duc manqua.*

La Toscane est érigée en royaume. 1803.

La Toscane est érigée en royaume d'Etrurie, ce qui fut une bien petite consolation *devant ses maux.*

Elle est réunie à la France. 1807.

La Toscane est réunie à la France par ce fameux conquérant qui faisait tout ployer *devant ses coups.*

Elle est restituée à ses anciens ducs. 1814.

La Toscane est restituée à ses anciens ducs, qui n'avaient pu la *défendre.*

Premier seigneur de Modène. 1288.

Obizon II, marquis d'Est, est le premier seigneur de Modène, mais ses états sont comme le royaume *d'une fève.*

Borso d'Est, premier duc de Modène, de Ferrare et de Reggio. 1450.

Borso d'Est, premier duc de Ferrare, de Modène et de Reggio, avait pour mère une *drôlesse.*

Le duché de Modène passe à la France. 1797.

Les Français s'emparent du duché de Modène, et célèbrent leur victoire par *de gais banquets.*

Parme et Plaisance conquises par Charlemagne. 774.

Parme et Plaisance passent au pouvoir de Charlemagne, qui savait si bien *conquérir.*

Parme et Plaisance érigées en duchés. 1534.

Parme et Plaisance sont érigées en duchés, qui sont un séjour si délicieux par la proximité *de la mer.*

Ils passent à l'Espagne. 1731.

Les duchés de Parme et de Plaisance passent aux Espagnols, qui sont bien aises *d'y commander.*

Ils passent à la France. 1801.

Les duchés de Parme et de Plaisance passent à la France, et n'y trouvent rien *de fastueux.*

Ils passent à l'Autriche. 1815.

Les duchés de Parme et de Plaisance sont donnés à Marie-Louise d'Autriche par le congrès de Vienne; aussi les lui *devait-il.*

HISTOIRE DE L'AMÉRIQUE.

Découverte de l'Amérique. 1492.

DÉCOUVERTE de l'Amérique par Christophe Colomb, après une
dure peine.

Améric Vespuce. 1499.

Améric Vespuce découvre plusieurs îles orientales de l'Amérique, mais la gloire de Christophe Colomb ne *déroba point.*

Découverte du Canada. 1534.

Les Français découvrent le Canada, qui leur est toujours resté attaché malgré la grande séparation
de la mer.

Fondation de Québec. 1608.

Fondation de Québec par les Français, où se trouvent bientôt des hommes *déjà savants.*

Le Canada aux Anglais. 1763.

Les Anglais enlèvent le Canada aux Français qui ne le reprendront *donc jamais.*

Indépendance des États-Unis. 1776.

L'indépendance des États-Unis d'Amérique partait *d'un coup caché.*

Conquête du Mexique. 1521.

Les Espagnols font la conquête du Mexique, au mépris de l'injuste et *de l'honnête.*

Indépendance du Mexique. 1821.

Le Mexique se déclare indépendant des Espagnols, prenant à témoin de leur cruauté la *divinité.*

République de Gaté-Mala. 1821.

La république de Gaté-Mala se constitue comme celle du Mexique, en prenant à témoin de la cruauté des Espagnols la *divinité.*

Découverte de la Terre-Ferme. 1498.

La nouvelle Grenade est découverte par Christophe Colomb, qui l'appelle Terre-Ferme ou *dur pavé.*

République de la Colombie. 1819.

La nouvelle Grenade se soustrait aux Espagnols et se constitue en république de Colombie, sans remarquer assez que d'elle-même se défier elle *devait un peu.*

République de Vénézuela. 1830.

La république de Vénézuela se forme d'une partie de celle de la Colombie, qui se croyait *des fameuses.*

République de la nouvelle Grenade. 1830.	La république de la nouvelle Grenade se forme d'une partie de celle de la Colombie, qui se croyait *des fameuses.*
République de l'Équateur. 1830.	La république de l'Equateur se forme d'une partie de celle de la Colombie, qui se croyait *des fameuses.*
Découverte du Pérou. 1533.	Le Pérou est découvert par les Espagnols, et tente leur cupidité par les riches mines d'or qu'il renferme au dedans *de lui-même.*
République du Haut-Pérou. 1825.	La république du Haut-Pérou ou de Bolivia, se sépare du Pérou et se forme en république indépendante, pour n'avoir rien *de vénal.*
Découverte du Brésil. 1500.	Le Brésil est découvert par les Portugais, qui ne manqueront pas *de le sucer.*
Empire du Brésil. 1821.	Le Brésil se sépare du Portugal, se constitue empire du Brésil par un effet *de vanité.*
Découverte du Paraguay. 1515.	L'Espagnol Jean de Solis découvre le Paraguay, où va bientôt briller une législation admirable devant *tous les talents.*
Républiques de la Plata. 1815.	Le Paraguay se constitue en républiques fédératives, appelées de la Plata, sans savoir où elles *devaient aller.*

Découverte
du Chili.
1534.

Les Espagnols découvrent le Chili
tout le long   *de la mer.*

Découverte du Chili. 1534. — Les Espagnols découvrent le Chili tout le long *de la mer.*

République du Chili. 1818. — Le Chili se constitue en république, et son ancienne constitution *défait en vain.*

Découverte de la Patagonie. 1520. — Découverte de la Patagonie ou terre Magellanique, habitée par des sauvages, comme *tout l'annonce.*

FIN.

TABLE.

FIN DE LA TABLE.

Clermont, imprimerie de Thibaud-Landriot et Cᵉ.